エンタテインメントの作り方

売れる小説はこう書く

貴志祐介

角川新書

まえがき

起承転結の例としてよく持ち出される、頼山陽作の有名な歌がある。

京都三條の糸屋の娘、姉は十六妹は十四
諸国大名は弓矢で殺す、糸屋の娘は目で殺す

「大阪本町」だの「十八、十五」だの「刀で殺す」だのと、微妙に違うバージョンがいくつもあり、どれが正本なのかはよくわからないが、意味は説明するまでもないだろう。年頃の糸屋の娘について語り出されて、色気のある話を期待していると、三段目になって唐突に、「諸国大名は弓矢で殺す」などという殺伐としたフレーズが出てくる。これが『転』である。最後の一句でやはり糸屋の娘の話であることがわかり、しかも、最初に予想したとおりの艶《つや》っぽい締めくくりで、めでたしめでたしというわけだ。

私は、昔からこの歌が大嫌いだった。まったく面白くないからだ。きれいに落とすことしか考えていない予定調和的な落ちには、白けるばかりである。駄洒落《だじゃれ》ではないものの、落語の『地口《じぐち》落ち』に近く、読者の心に波紋を拡げることより、作者の自己満足を目的にしているとしか思えないのだ。これまでに起承転結という言葉を一度も聞いたことがない人には、わかりやすい例なのかもしれないが、これから小説を書こうとしている人、特にエンタメを目指している人には、百害あって一利なしとすら思う。

そこで、私なりに修正を加えてみた。

京都三條の糸屋の娘、姉は十六妹は十四
諸国大名は弓矢で殺す、糸屋の娘は吹き矢を使う

前よりよくなったと言うつもりは、さらさらない。歌としての劣化は目を覆うばかりだ。もともと「弓矢」と「糸屋」は韻を踏んでいたが、「吹き矢」は同じ「矢」という言葉を使っているうえに、最後は都々逸《どどいつ》でもアウトな字余りだが、どうか目を瞑《つぶ》っていただきた

い。こちらの歌は、私の小説作法を端的に示しているため、これを読んだだけでぱたんと本を閉じられる方がいるのを承知で、恥を忍んで紹介した。

これから小説を書こうという方には、どうか「目で殺す」というような想像力のかけらも感じられない文章には怖気《おぞけ》をふるっていただきたい。邪眼の持ち主かメドューサかとは突っ込まないが、読者からの生温かい共感を無条件で期待している作者の淫猥《いんわい》な笑みや、きれいに落としたでしょうと言わんばかりの、したり顔（今で言うドヤ顔）は、あらゆる分野のクリエイターにとって敵であると承知してほしいのだ。

そもそも今の読者は、「諸国大名は弓矢で殺す」という文を見て、誰一人びっくりしてはくれない。初見だとしても、「目で殺す」に近いオチは予想されてしまい、インパクトはゼロに近い。だったら、まず、その予想を裏切ることを考えるべきではないだろうか。

しかも、原典では、『転』の一句が単なる比喩《ひゆ》に終わっており、まったく物語に変化を与えていない。変更後でも比喩は比喩だが、『結』が『転』に引き摺《ず》られて変質している点が違う（ただ腐っているだけかもしれないが）。

それにしても、なぜ糸屋の娘が吹き矢を使うのか、全然意味がわからないとおっしゃる方には、もっともな感想だと申し上げたい。その上で、いったいこれはどういうことだと想像の翼を拡げていただきたいのだ。京都三條の糸屋というのは、何となく裕福な老舗《しにせ》のような気がする。その娘がなぜ姉妹揃って殺人に手を染めているのか。そこには、どんな悲しい物語が秘められているのであろうか。しかも、その方法が吹き矢とは尋常ではない。当然、鏃《やじり》には毒を塗っているはずである。トリカブトか、鴆毒《ちんどく》か。ターゲットは、どこから狙うのか。薄く開けた障子や、襖《ふすま》の隙間からか。それとも天井板をずらすのか。天井裏に忍び込むためには、相当な身体能力が必要になるはずだ。忍者なのか。

阿呆《あほう》じゃないかと思われた方へ、申し上げたい。小説の本質は妄想であると、私は思う。いかに詳細に説得力を持って妄想できるかが、勝負の分かれ目なのだ。そして、もうひとつ。どこまでオリジナリティのある、つまり異様な妄想を紡げるかが重要である。だったら、奇人変人に向いているのか。そのとおり。つまり、あなたにぴったりなのだ。

私自身、デビューする前は、小説の書き方に関する多くのハウツー本や文章読本の類《たぐ》いに目を通したものだ。目から鱗《うろこ》の好著もあれば、喉《のど》に骨が刺さっただけの駄本もあったが、それでも、いろいろ読んだことは確実にプラスになったと思う。この本も、読者にとって、そうであってくれれば、これほど嬉《うれ》しいことはない（できれば、鱗の方で）。

目次

第二章　プロット　53

第三章　キャラクター　115

第四章　文章作法　137

第一章　アイデア

アイデアは降ってこない

読み手をしびれさせるエンタテインメント小説を生み出すために、最初に必要とされるものは何だろうか。

大まかなストーリー構成か。表現したいテーマか。あるいは、味のあるキャラクターやユニークな舞台設定か。もちろんどれも大事だが、何はともあれ物語の〝種〟を見つけ出さないことには何も始まらない。

まずは、小説の着想となるもの、物語を紡ぎ出すきっかけになるアイデアをどのようにして手に入れるか、というところから述べたい。

面白い作品はどうやって生まれるのか。

正直なところ、着想のきっかけは何であってもいいのである。こんな言い方をすると身も蓋《ふた》もないように聞こえるかもしれないが、どこから入るのがいいかということに唯一の正解などない。

最初に吸引力のあるキャラクターのイメージが浮かんできて、そこからストーリーができ上がっていく場合もある。奇抜な舞台を思いついたことが発端となるケースもある。インパクトのあるフレーズを思いつき、これをタイトルにしたいという思いから物語の構想が膨らんでいくこともある。

私自身、着想の発端は作品によってさまざまだ。

アイデアがどこからやってくるかというのは、誰にもわからない。

ただひとつだけ、言えることがある。アイデアというのは、じっと待っていれば天啓のように降ってくるものではない、ということだ。

何かを成し遂げたいと思ったら、待つという受け身姿勢でいては駄目だ。自分から積極的にチャンスをたぐりよせる工夫をしなければならない。面白い物語を築くためのアイデアも、天から舞い降りてくるのを待つのではなく、自分からつかみに行くものなのである。

問題は、アイデアというものは最初の段階ではひと粒の〝種〟のような存在でしかないということだ。この思いつきの〝種〟が、魅力的な作品になり得るかどうかはまったくわからない。ゆえに、見過ごしてしまうことがある。拾い上げ損ねることがある。すくい取ろうとしても、指のあいだからスーッとこぼれ落ちていく。

それをどうやってつかみ取り、首尾よく発芽させ、花を咲かせ、実をつけさせるか——。ひとつの小説を生み出すという作業は、小さなアイデアの〝種〟を見つけ、手塩にかけて育て上げていくようなものだと私は考えている。

具体的な話をしよう。

アイデアの〝種〟を拾い上げるために私が日々やっていることは何か。

こまめにメモを取ることである。

意表を突くトリック、斬新《ざんしん》な設定、個性的なキャラクター……とにかく小説の材料になりそうなこと、アイデアらしいものが脳裏をよぎったら、すかさずメモしてストックしておく。この〝アイデアメモ〟が、着想をわが掌中に引き込むための第一の役割を果たす。

だから、常にメモの携帯が欠かせない。

私自身のこれまでの経験をふり返ってみると、いいアイデアが出てこないかと必死で考えているようなときよりも、むしろ頭を空っぽにして半ば機械的に体を動かしているようなときのほうが、フッとアイデアが浮かぶことがある。

たとえばそれは、散歩の途中であったり、浴室で体を洗っているときであったりする。

さすがに私も風呂のなかにまでメモを持って入らないので、慌てて体を拭《ふ》いてメモを取りに行く、といったことはしばしばある。

アイデアは、一瞬のひらめきのようにやってくることが多い。浮かんだらそのつどメモしてつなぎとめることが重要で、あとでメモすればいいと悠長に構えていると、たいていつかまえ損ねる。忘却との戦いなのだ。

自分の頭に思い浮かんだことだけがアイデアの素ではない。たとえば、テレビを見ているときやネットサーフィンをしているときに、ちょっと気になるニュースや、興をそそる情報に出くわすことがある。「へえ」と思っただけでそのままスルーしてしまうと、それはすぐに忘却の彼方《かなた》に消え失せる。しかし簡単でいいからメモしておくと、ひとつの〝種〟になる。芽が出る種かどうかはわからないが、そのままのかたちでは使えそうになくても、いつかほかの発想と結びつくことで大きく育つときがくるかもしれないのだ。

こうやって書きためていったアイデアを、私は定期的に整理してパソコン上のドキュメントにまとめておく。これが〝アイデアノート〟になる。

急いで書くので手書きのメモはどうしても乱雑になりがちだ。時間がたつと、自分の字でも読めなくて意味不明になってしまうことがある。だから、なるべく早くアイデアノートに整理する。つまり、単なるメモをきちんとすくい上げてかたちにし、〝アイデアの素〟としていつでも使えるようにスタンバイさせる作業といえる。

新しい作品に取りかかる際、私はまずこのアイデアノートにざっと目を通すことから始める。なにか使えそうなネタはないかと探しながら、これから書き始める物語についてイメージを膨らませていくのだ。

面倒くさがらずにこまめにメモを取り、適宜それをアイデアノートに昇格させていく習慣をつけたことで、私はアイデアの枯渇に悩まなくなった。それを見たら、面白い物語づくりのためのヒントが、必ずあるからだ。

繰り返すが、アイデアとは、天啓のように書き手のもとに都合よく舞い降りてくるものではない。日々の気づきの蓄積が、アイデアの源となるのだ。

もちろん、物書きのなかには、奇抜なアイデアが泉のように湧いてくる天才気質の人もいるだろう。しかし多くの小説家は、自分が生活しているなかでふと出会った材料を見過ごさずに丹念に拾い上げ、それをかたちにしているのではないかと思う。

「もし○○が××だったら」という発想を持て

想像力を膨らませる思考訓練として私がよく実践しているのは、「もし○○が××だったらどうなるか」ということ。日常生活のなかにある普通の出来事を〝ひとひねり〟してみるのだ。そのままの状態であれば珍しい事象でなくても、極端にエスカレートさせてみたり、あるいは図式を逆転させてみたりするとどうなるか、想像を巡らせてみるのである。

たとえば実際に作品のヒントになった事例に、こんなことがあった。何年も前のことだが、インフルエンザにかかって熱にうなされていた私は、もうろうとする頭でこんなことを妄想したのだ。

「もしも、インフルエンザ・ウイルスがもたらすものが〝苦しみ〟ではなく、〝快楽〟だったら――」

高熱や激しい咳《せき》をともなうインフルエンザは苦しい。かかりたくないと誰もが思う。だから私たちは、インフルエンザが流行する季節になると感染を回避すべく、マスクの着用や手洗い、うがいの徹底に努める。しかし、もしインフルエンザが快感をもたらす病であったら、人は予防のための努力をするだろうか？　おそらく、しないだろう。

誰もインフルエンザを恐れることはなくなり、むしろ喜んで感染したい病気になるのではないか。もし身近にインフルエンザにかかった人がいたら、我先にと感染者に近づき、積極的にウイルスをもらおうとするのではないか。これはウイルスの側からすれば、繁殖のために歓迎すべき事態で、このように人間に欲される症状を備えていたほうが得なはずだ。結果的にインフルエンザは、短期間に日本中、いや世界中を席巻《せっけん》することになるだろう。

では、そういった快感因子と高い殺傷力を併せ持ったウイルスが本当に蔓延《まんえん》したら、どのようなことが起こるのか——。

こうして膨らませたアイデアが、私のある作品に生かされている。発端は「もし○○が××だったら」というシンプルな妄想にすぎず、いわばそこから始まる連想ゲームのようなものだ。インフルエンザに倒れて大事な時間を奪われた私は、病床で思いついた妄想から作品を生み出すことで、その恨みつらみを晴らすことに成功したのだった。

このような展開から、ひとつの小さなアイデアがひとつの長編小説に発展したケースは、少なくない。

アイデアの〝消費期限〟

アイデアというのは不思議なもので、思いついた直後には、「なんと素晴らしいアイデアを思いついたことか！」と錯覚してしまうようなところがある。

ところが、一定期間をおいてから再確認してみると、「あれ？　思っていたほど面白くないな」とか、「なんだか、ありきたりな気がする」と、トーンダウンしてしまうことが私自身もよくある。夜中、夢で見た面白いエピソードが、朝起きてから反芻《はんすう》するとまったく笑えるものではなかったという経験は誰にでもあると思うが、それに近いかもしれない。

それゆえ、アイデアノートにはあとから見るとちょっと首を傾げたくなるようなものがまじっていることもある。逆に、思いついたときはたいしたことなく思えたけれど、意外に広がりを感じさせるものもある。玉石混淆《こんこう》である。

アイデアにはどうも熟成期間というものが必要なようだ。どれほど秀逸に思えたアイデアでも、すぐに物語を書き始めるのは避けたほうがいい。もし、思いついた直後にその勢いで書き始めても、執筆中に「……これ、本当に面白いのかな」と自信を失い、筆が止まってしまうこともあるだろう。下手をすると、何百枚という原稿をボツにするはめになるかもしれない。これはじつに悲惨だ。

ただし、冷静に見るとありきたりに思えたアイデアでも、すぐに破棄するには及ばない。なぜなら別のアイデアと組み合わせることで生きてくる可能性だってあるからだ。いつか陽の目を見るときを楽しみに、ひきつづきアイデアノートの片隅にしまっておく。寝かせるのだ。

実際、私のアイデアノートのなかにも、もう何年も寝かせたままのアイデアがけっこうある。いつか役に立つときが来るかもしれないという気持ちでストックしてある。

だが、ものによっては賞味期限、消費期限が切れてしまうものもある。技術や科学の進歩によって現実が空想に追いついてしまうことがあるからだ。

たとえば、簡単に外部と連絡がとれる現代では、携帯電話が普及する前に考えだされた密室トリックは、そのままでは通用しなくなった。また、大地震や噴火などによって、それまでの社会のありようとは意識が大きく様変わりして、違和感が生じるようなこともある。あるいは、似たようなアイデアを用いた作品が先に世に出てしまった、などということもある。

だからといって、ストックしてあるアイデアを、無理してでも早めに使うべきということではない。大切なのは、アイデアの価値というのは、流動的なものであるということを見失わないことだ。常に現在の視点に照らし合わせて考えるという冷静さと客観性が重要だ。

想像力の限界に挑む

「もし○○が××だったら」という思考のかたちがいいのは、当たり前の現実の隣り合わせに、めちゃくちゃ面白い物語になりそうなネタがいくらでもあることだ。常識を疑っていくだけで、型にはまった思考から自由になれる。そこから先、発想をどう膨らませていくかは書き手の腕の見せどころだが。

たとえば、いま私のアイデアノートのなかにストックされているネタのひとつに、「もし人間も無制限に大きくなったら」という一文がある。ここから少し、イメージを膨らませてみよう。

このメモ書きはもともと、生物についての資料を読みあさっているときに記したものだ。

生物のなかでも爬虫類《はちゅうるい》は、環境や条件さえ整えば、ほぼ無制限に成長すると言われている。たまにアマゾンの奥地などで、驚くほどビッグサイズのワニが捕獲されたりするのは、そのように育つ条件に恵まれたためだ。

では、もしこうした特性が、人間にも当てはまったらどうなるか？

人間が加齢とともにどんどん大きくなっていくと、深刻な高齢化時代を迎えている日本は、たちまち巨人だらけの国になってしまう。そうなると、若者が電車のなかで高齢者に席を譲ろうとしても座席に収まりきらない、といった事態が起こるかもしれないし、横断歩道を渡ろうとするおばあちゃんの手を引いてあげるのも重労働になる。また、介護の現場はいっそう重労働をともなうことになるし、お葬式では巨大な棺《ひつぎ》を囲んで弔うことになる。それに、そもそも巨大化した老人の肉体そのものが若者にとって恐怖の対象になるだろう。

そんな奇妙な社会は、どんな問題を抱えているのか？　それにどのように向き合っていったらよいのか？

こうして「もし○○が××だったら」というワンアイデアから枝葉を伸ばしていくにつれ、世界観が少しずつ具体化していくわけだ。

想像を巡らせて、現実にはあり得ない世界を創り出すことは、小説の大きな醍醐味《だいごみ》と言える。私にその楽しさを教えてくれた作品のひとつが、ブライアン・W・オールディスの『地球の長い午後』だ。

これはまさしく想像力の限界に挑んだ物語で、実際にそのようなニュアンスの文言がオビに躍っていたのが印象に残っている。

舞台は太陽の寿命が尽きようとしているはるか遠い未来。膨張した太陽の下で、すでに自転を止めている地球上には、永遠の昼と夜があった。昼の世界は巨大な樹木に覆われた熱帯と化し、生態系の頂点に君臨しているのは、人間でもその他の動物でもなく、植物だった。そんな異世界で旅をする、少年グレンの物語である。

まず、この設定からしてSF好きの心をそそる。さらに登場するさまざまな異形の植物、生物に度肝を抜かれる。月まで蔓《つる》を伸ばす植物や、高度な知能を備えたキノコ、月で暮らす鳥人など、フィクションの可能性を存分に感じさせてくれる世界観だ。

そして特筆すべきは、これほど現実離れした世界を構築しながらも、その描写がしっかりとリアリティをもって読み手の胸に響くことだろう。これは筆力もさることながら、作者のなかで綿密に世界観ができ上がっている証《あか》しだ。

進化した植物や昆虫が跋扈《ばっこ》するジャングルで、生態系の底辺にいる弱者として生きる人間たちの構図も、現実世界とは真逆のものだが、一気に引き込まれてしまう迫力と臨場感がある。また、どこかノスタルジックな雰囲気を醸しており、「この世界に行ってみたい！」と思わされるのも特徴だ。

近年のSF作品にも、〝想像力の限界に挑んだ一作〟といった惹句《じゃっく》がたびたび用いられているが、この作品を超えるレベルのものにはなかなかお目にかかれない。想像力とは何か、どれほどの可能性を秘めているのかを知るうえで、大きなヒントになるだろう。

防犯探偵・榎本のモデルとの出会い

選考委員を務めている新人賞の応募作品を読んでいると、ときには、アマチュアの方が書いたとは思えない、レベルの高い作品に出会うことがある。そんなときは、選者という立場を忘れ、存分にその世界を楽しませてもらう。

そうした作品に必ずあるものとは何か？　ひとつには、ほかの応募作品にはない斬新さとオリジナリティを備えている点が挙げられるだろう。

これは会社を起業することとよく似ている。画期的な事業プランがあれば成功する確率は上がる。小説も同様で、他人があまり思いつかない斬新なアイデアがあれば、その作品は成功に向けて一歩リードしていると言っていい。

実現したい事業プランが明確にある人と、とりあえず会社を起ち上げたい人とでは、どちらが優れた経営者になれるだろうか？　これは考えるまでもなく前者だ。小説を書く目的についても同様だ。単に「作家になりたい」という人よりも、「これが書きたい」というアイデアを持っている人が書いた作品のほうが、多くの読者にとって魅力的なのは自明の理である。


ストックされたアイデアのひとつが、ある日、日常のちょっとした体験に紐付《ひもづ》いて、より大きなアイデアへと膨らんでいくプロセスはじつに楽しい。

たとえば私が『硝子《ガラス》のハンマー』の着想を得たときの話をしよう。この作品は防犯探偵・榎本《えのもと》シリーズの幕開けとなる長編ミステリだが、アイデアノートにはわりと早い段階で原形となるアイデアが書き込まれていた。それが長編に昇華することになったのは、日常生活のささいな出来事がきっかけだった。

自宅のセキュリティを見直そうと考えた私は、各種防犯グッズやセキュリティサービスについて自分なりに下調べをしていた。そしてある日、実際に某警備会社の営業マンを招き、自宅を見てもらいながら具体的な相談をすることになったのだが、このときにやってきた担当者の説明が、私にはどうにも的外れに思えてならなかったのだ。

というのも、「こういうシステムを入れれば、外からは侵入できません」と説明されても、「いやいや、こうすれば簡単に裏をかけるじゃないですか」と、ずぶの素人の私が即座に看破できてしまうような助言ばかりだったからだ。これではちょっと心許《こころもと》ないなと、内心で不安を募らせていたのだが、この担当者が連れてきた街の鍵《かぎ》屋さんが、素晴らしいプロフェッショナルだった。

彼は最新のピッキング等の手口について私に詳しくレクチャーしてくれたうえで、私に向かってこう断言した。「自分に開けられない鍵はない」と。

不安を煽《あお》るような物言いにも受け取れるが、鍵を売りたいだけのセールストークよりも、よほど説得力を感じたものだ。結局、私が選んだのは、その彼が「突破するのに最も時間がかかる」と言ったタイプの鍵だった。

　この体験から私は、防犯のジャンルにも、名探偵のように博識で明晰《めいせき》な人物が存在することを知った。これがアイデアノートの一角に埋もれていた密室トリックのアイデアと融合し、『硝子のハンマー』が誕生したのである。

　つまり、このときの鍵屋さんこそが、防犯探偵・榎本径のモデルと言っていいだろう。防犯探偵・榎本の初登場したシーンでは、こうした体験から得た蘊蓄《うんちく》も存分に生かされている。以下は、純子が初めて榎本のセキュリティショップを訪ね、本当の来意を告げずに客を装って接客を受けるシーンである。


「お住まいは、マンションですか？　一戸建て？」

　男は、質問を始めた。口調は丁寧で、非常に落ち着いている。

「賃貸のマンションです。九階建ての最上階なんだけど」

「ワンフロアは、何戸ですか？」

「三戸ね」

「ご近所づきあいは、ありますか？」

「全然。煩わしいし、時間帯も合わないから」

「なるほど。最近は、そういうお家《うち》が多いですね。でも、それは、かなり危険なことなんですよ」

男は、カウンターの上に大判のファイルを出した。マンションの模式図の描かれたページを開き、純子に示す。

「最上階というのは、一、二階に次いで狙われやすいんです。他の階と比べると、人がいないことが多いですし、比較的所得の高い人が住んでいる確率も高いですから。せめて、同じフロアの家同士で目配りし合っていれば、相当安全度が違ってくるんですけどね。管理人は、常駐ですか？」

「いいえ。通いで、ゴミの日だけ。でも、一応、オートロックなんですけど」

「そうですか。まあ、オートロックが無意味とは言いません。飛び込みのセールスなんかは、かなり減りますし、責任能力はないが殺傷能力はあるという人たちが、ふらっと入ってくるのも、防止できますから」

純子は、責任能力という言葉を妙なコンテキストで使ってもらいたくないとは思ったが、何も言わなかった。

「……でも、オートロックの過信は禁物ですよ。古い型だと、紙を一枚挟み、センサーを遮るだけで、開いてしまうのもあります。そうでなくても、日中の侵入は簡単です。住人の出入りに紛れて入って来られますし、どこか適当な部屋をインターフォンで呼んで、宅配便やガスの検針を装って、開けてもらえばいいんですから。オートロックは、暗証番号式ですか？」

「いいえ、鍵ですけど……」

「まだ、そのほうがベターですね。暗証番号は、すでに、泥棒の間で情報がやりとりされているかもしれません。年月がたつと、特定のボタンが汚れてきますから、番号の見当もつけやすくなります。しかし、鍵だとしても、すでに合い鍵が出回っている可能性もありますし、さっきの方法以外にも、早い話が、ピッキングでも開くわけです」

純子は、だんだん不安になってきた。

（『硝子《ガラス》のハンマー』角川文庫）

こうした二人の邂逅《かいこう》から始まり、いまでは私の作品のなかでも息の長いシリーズとなっている。

アイデアの磨き方

このように、ストックしておいたアイデアは、他の何かと融合することによって突然開花することがある。また、磨いて磨いて磨きまくれば、石ころに思えたアイデアがダイヤモンドに変わることだってある（逆に、磨いてみたら石炭殻《コークス》だったというケースも少なくない）。これはやってみなくてはわからない。

アイデアを育《はぐく》むためには、刺激が必要だ。自分をさまざまな刺激にさらして揺さぶりをかける。そうすることでいつもと違う視点が開かれる。

たとえば、ちょっと変わった構成の映画作品を観たら、「これを自分の小説でやってみたらどうなるだろう？」と考えてみたくなるものだ。題材やストーリーを安易に拝借すると「パクリ」になってしまうが、構成やエッセンスなどを参考にするのは悪いことではない。むしろ大いにやるべきことだと私は思う。

たまに見かけるパターンのひとつに、Aという物語とBという物語が並走し、最終的にひとつの結末に収斂《しゅうれん》するような構成がある。

過去に私が感銘を受けたのは、ビル・S・バリンジャーの『歯と爪』という作品だ。殺人事件が発生するものの、現場には焼け焦げた義歯と脛骨《けいこつ》、右中指の先などが残るのみで、肝心の遺体が見つからない。この妙な事件をめぐって、検事側と弁護側のあいだで激しいやりとりが展開されるという物語。それぞれの視点での複数のエピソードが展開され、それらが合流する際のサプライズもしっかりと準備されており、エンタテインメントとしての切れ味が抜群だった。自分でもいつかぜひやってみたいと強く感じたものだ。

あくまで一例だが、こうした構成、筋立ての根幹の部分をヒントに、舞台やキャラクター、ストーリーを組み立てていけば、それは立派なオリジナル作品に仕上がる。

そもそも昔話などはすべての日本人の共有財産のようなものだから、「桃太郎」を下敷きに、まったく異なる勧善懲悪のストーリーを構築したって差し支えない。「西遊記」やギリシャ神話なども同様だ。

換骨奪胎という言葉があるように、古人の着想や形式をもとにして、自分なりに新しい作品を作ることは、芸術手法として認められていることなのだ。明らかな前例がある手法やトリックも、自分なりに咀嚼《そしゃく》し、新しい作品に昇華できているのであれば、少しも問題ない。

ジャンルやメディアを問わず、多くの前例（作品）にふれておくことは、クリエイティブを志す人間には大切なことだ。いつか必ず血となり、肉となる。

映画を観ていてよく感じるのが、「ホラー小説の最大のライバルはホラー映画である」ということだ。人を怖がらせるために、映像ではビジュアル表現や聴覚への訴えかけなど、活字にはできないさまざまな手を講じることができる。小説が表現手段として映画に劣っているとは思わないが、映像にはかなわない部分があるのも確かだ。

しかし、では活字ではそれらをまったく実現できないかというと、そうとはかぎらない。映画から刺激をもらって参考にすることで、活字表現をより深めていくことはできる。

物語に没入した原体験

小説を読んだことがないのにこの道を目指そうとする人はまずいない。

小説家になりたいと思うようになる背景には、間違いなくこれまでの読書体験が影響をあたえている。

御多分に漏れず、私も幼少期から青年期までの読書体験が、小説家という道を選ばせることになった。参考までに、私自身の読書の原体験に少しふれておく。

いまにして思えば、私が熱心に本を読むようになった原点は、親の戦略にあったような気がしている。それというのも、幼少のころから親がいつも枕元で物語を読んで聞かせてくれるのが大好きだったのだが、あるときを境にそれがぴたりとなくなった。

当時の私としては、大好きな物語が聞きたい。でも親は、いくら頼んでもそれまでのように読み聞かせてくれない。それなら自分で読むしかない、となったわけだ。

読書への目覚めは小学校に入る前だったから、読めない字や知らない言葉がたくさんあった。しかし、それが頑張って言葉を覚えようというモチベーションにつながったのも事実だ。

とくに印象深く覚えているのは、ルース・スタイルス・ガネットの「エルマー」三部作（『エルマーのぼうけん』『エルマーとりゅう』『エルマーと16ぴきのりゅう』）や、ヒュー・ロフティングの「ドリトル先生」シリーズだ。いずれも奇想天外なストーリー展開や挿絵の楽しさなど、子供を喜ばせるための仕掛けがたくさん講じられた作品である。当時からファンタジー志向があったようだ。

いずれも舞台が海外なので、当時の私にはあまりピンとこないところもあったが、それもまた夢や空想をかき立てて楽しかった。

こうして物語との幸せな出会いを得た私は、どんどん読書に没頭していくことになる。週末に家族で親戚《しんせき》の家に遊びに行ったときも、すぐにその家の本棚に向かい、片っ端から本を読みあさるような子供だった。親戚の子たちと外へ遊びに行くこともせず、ひたすら室内で本を読んでいるのはちょっと協調性に欠けていたようにも思うが、私にとってはそれこそが至福のひとときだったのだ。

当時の私は、気に入った作品は何度も繰り返し読んでいた。どんな結末が待っているのか知っていても、そのクライマックスにたどり着くまでのプロセスが楽しく、もう一度そのハラハラを味わいたい一心でページをめくったことを覚えている。

小学校低学年のころ、ヨハン・ダビット・ウィースの『スイスのロビンソン』という作品に夢中になったことがあった。ロビンソン・クルーソーにヒントを得た漂流もので、こちらは船の座礁をきっかけに、一家で漂流するところが特徴だった。

両親と四人の少年からなるこの一家は、マスチフという犬を連れているのだが、ある日、子供心に「これはいったいどんな犬種なのだろう？」と関心が湧き、図鑑を引いて調べてみた。すると、これが日本の土佐犬の原種であることがわかったりして、好奇心と知識欲が大いに満たされたものだ。良質の物語にふれるなかで、思いがけない知識を得ることもできるという効果を知った最初ではなかったかと思う。

小学校の中学年になると、ミステリやＳＦにふれる機会が増えた。日本の作品も海外の作品も読んでいたが、他ジャンルに比べるとこれらのエンタテインメントが持つ面白さは別格だと感じ、次々に新しい作品を渉猟する日々がつづいた。

とりわけ筒井《つつい》康隆《やすたか》さんの『ＳＦ教室』との出会いは衝撃的だった。ＳＦへの愛情に満ちたガイド本で、ここで取り上げられた作品を私は次々に探しだしては読破していくことになる。いずれもハズレがなく、私は一気にＳＦの虜《とりこ》となったのだった。

その時点ではまだ筒井作品を読んだことはなかったが、自《おの》ずと筒井さんご本人の作品にも興味が湧き、まず手始めに『にぎやかな未来』というショートショートを読んで、ぶっ飛んだ。奇想と下ネタが満載の独特の作風で、それまでに読んできた作品とはまったく異質の面白さがそこにあったからだ。

高学年になると、ウィリアム・サマセット・モームの『人間の絆《きずな》』、あるいはチャールズ・ディケンズの作品などに傾倒していく。

中学生になると、電車通学が始まった。片道三〇分ほどの道のりで、行きと帰りで文庫本を一冊読み終えるのがいつものパターンだった。早いときは行きの三〇分で一冊読み終えてしまうこともあった。特別な目的がなくても、ひたすらその物語の世界に没入することが楽しかった時代だ。

こういう少年時代だから、当然、何らかのかたちで物語にかかわる仕事に就きたいという気持ちはすでに芽生えていた。しかし、最初に憧《あこが》れた職業は本を書くほうではなく、売るほうの本屋さんだった。なぜなら、お客さんがいないときには好きなだけ店に並んでいる本が読めるだろうと思っていたからだ。いま思えば、無邪気な誤解に苦笑するしかない。

さすがに中学三年くらいになると、そんな夢の職場ではないということがわかりかけてきたのだった。書くことへの興味が湧き始めていたこともあったかもしれない。

初めての小説執筆体験

現在《いま》も執筆の合間に暇を見つけてはさまざまな本を手に取るようにしているが、やはりたっぷりと時間のあった学生時代には及ばない。時間に余裕のある時期にたくさんの物語に触れることができたのは、大きな財産と言っていいだろう。

プロになると日々の執筆に追われて、なかなか読書時間を確保することが難しくなる。本を読むには読むのだが、資料として読むものが増え、純粋に小説として味わうような読書が減ったのだ。ただ、これにはそれぞれの生活習慣などもあり、他の作家と話していると、読書事情は二極分化しているように感じる。私の少年時代のような読書量をいまでも維持している人もいれば、他人が書いた作品にはほとんど目を通さなくなったという人もいる。

プロの作家になってからの読書に関するスタンスは人それぞれだが、基本的には若いときの豊富な読書体験が作家としての基礎体力になり、知識や技量を蓄え、引き出しを増やすことにつながるのは間違いない。なかには、さほど量を読まずとも優れた作品を送り出しつづける作家もいないわけではないが、誰にでも真似できることではない。そういうタイプの書き手であれば、そもそもこの本を手に取る必要もないだろう。

私が初めて小説を書いてみたのは、小学生のころだった。自分なりに思いついた物語をざら紙に手書きした粗末なもので、誰に読ませることもなくひとりで満足していた。

中学生になると、もう少し本腰を入れて物語を書いてみようと思い立つが、読書量のおかげで目だけは肥えており、まさに眼高手低の状態。書いてはみるものの、それが面白い文章とはまったく思えなかった。結果、書き始めては思うようなものができないことに嫌気がさし、途中で投げ出してしまう。そんなことの繰り返しだった。

実際に作品を書いてコンテストに応募してみようと、本気で取り組み始めたのは、時間がたっぷりあった大学時代のことだ。しかしここでもやはり、書き始めはしてもなかなか結末まで到達せず、「こんな内容では、書き上げてもどうせたいした作品にはならないだろう」と途中で放り出してしまうのがパターンだった。

ちなみに、このころは「ハヤカワ・SFコンテスト」に狙いを定め、SF短編に挑戦していた。SFに傾倒していたせいもあるが、短編作品で応募できるという、ボリューム面での手軽さが魅力だったからだ。

この当時は、長編作品を書くには体力が必要だと痛感していた。体力といってもフィジカル面の体力ではなく、いわば脳の体力のこと。何百枚という枚数をかけてひとつの物語を構成し、最後まで書き上げる過程では、執筆中に内容が当初のイメージとかけ離れてきたり、ワクワク感が消えてしまったりすることが起こりがちだ。最後まで書けずに投げ出してしまうのも、そのためである。自分には長編を書き上げるだけの力はない。その点、短編であれば短期集中でなんとかやり通せるのではないか、と考えていた。

プロになったいまふり返っても、この考え方は基本的に間違っていなかったのではないかと感じる。なぜなら、長編作品だからといって何百枚もかけて長話をしているわけではなく、いくつもの短編の集合体であるというスタンスが身についたからだ。これについては後ほど詳述するが、小説作法を知るうえで大切なヒントとなった。

デビュー作『ISOLA』を書いたときのこと

私のデビュー作は、第四回日本ホラー小説大賞を受賞した『黒い家』ではなく、その前年に同賞で佳作をいただいた『十三番目の人格《ペルソナ》　ISOLA』（応募時のタイトルは『ISOLA』）である。この『ISOLA』を書いたときのプロセスを少しふり返ってみよう。

大学卒業後、生命保険会社に勤めていた私は、やはり小説家を目指したいと考え、三〇歳のときに退職、執筆活動に専念する日々を送っていた。執筆に専念というと聞こえはいいが、じつのところなかなか思うようなペースで作品が仕上げられず、また結果も出せず、焦っていた時代だった。日本ホラー小説大賞が創設されると、私はこの賞に的を絞った。そして、毎年作品を応募しつづけるようになっていた。

『ＩＳＯＬＡ』を書き上げる前年、私は〝これなら受賞は堅いだろう〟と思える自信のプロットを作り上げた。内容を簡単に説明すると、魂が体外離脱した肉体が脳死判定され、腎臓が移植されるが、遅れて戻ってきた魂により腎臓が暴走を始めるというストーリーで、今度こそという気持ちで必死に原稿を書き進めていった。

ところが、その年の大賞受賞作である『パラサイト・イヴ』が刊行され、それを読んだ私は愕然《がくぜん》とさせられた。展開や細部の描写が、非常に似通っていたからだ。偶然とはいえ、そのまま原稿を仕上げて応募すれば、間違いなく模倣と思われてしまうレベルである。私は泣く泣く、その原稿をボツにした。

では、次に何を書けばいいのか。新たなアイデアを練るにあたり、「怖い」とはどういうことなのかをあらためて熟考してみたところ、一九九五年に発生した阪神・淡路大震災の記憶に思い至った。私自身も被災しており、早朝に起こった激震に、一瞬死を意識したことを鮮明に覚えていた。

周知の通り、震災の被害は甚大なものだった。盤石と思われていた社会が、ほんの短時間の揺れで一気に崩壊してしまった現実に、言いようのないショックを受けた。無残に倒壊した高速道路。火に包まれ、鎮火もままならず焼き尽くされていく住宅地。まるで地獄のような光景から、自分が生きてきた世界がいかに儚《はかな》いものであったかを痛感させられた。

やがて復旧が進み、精神的にも落ち着きを取り戻すと、そうした体験は非常に稀有《けう》なものであり、作品に生かすことができるのではないかと考えるようになったのだ。

またこの時期は、ダニエル・キイスの『24人のビリー・ミリガン』などをきっかけに、「多重人格」というテーマにも関心を持っていた。これらの題材を組み合わせたものとして閃《ひらめ》いたのが、『ＩＳＯＬＡ』である。

『パラサイト・イヴ』を読んだ直後はショックで言葉も出なかったが、この『ＩＳＯＬＡ』が翌年の第三回日本ホラー小説大賞・長編賞の佳作に入り、角川ホラー文庫から刊行されることが決定する。これが私の作家としてのキャリアの始まりとなるのだから、まさに捨てる神あれば拾う神ありということなのだろう。

『黒い家』の発想はこうして生まれた

『ISOLA』はそのまま本になったわけではない。佳作受賞が決まってから編集者のアドバイスのもとにブラッシュアップ作業を行なった。

これは私にとって非常に新鮮な体験だった。「ここを入れ替えてみてはどうか」とか、「このシーンは不要でしょう」といった客観的な視点でのアドバイスに最初は戸惑いを感じた。なかには内心賛同しかねる指示がなかったわけではないが、異論を飲み込んで修正を加えてみると、たしかに作品のクオリティが格段に上がった。さすが、プロの編集者はたいしたものだなと、心底感心したものだ。

改稿作業を進めている途中、編集者から思いもよらぬ提案があった。「次回の日本ホラー小説大賞にもう一度、挑戦してみないか」というのだ。すでにデビューは決まっていたが、作家としてのキャリアをスタートさせるには、佳作入賞よりも大賞のほうが注目を浴びやすい。いまの実力なら、もう一度チャレンジすればきっと大賞が狙えるだろうと言われたのだ。

たしかに、佳作ではなく大賞受賞者として世に出たほうが有利なのは、デビュー前の私でも理解できる。しかし、必ず大賞が獲れるという保証もなければ、自信もなかった。せっかく佳作をいただいてデビューに漕《こ》ぎ着けたのに、今度は予選落ちでもしようものなら目も当てられない。下手をすると、その先の作家人生が再び閉ざされてしまうのではないかという不安もあった。何よりの問題は、その時点で締め切りまで三カ月ほどしかなかったことだ。もともと筆の速いほうではない私には、非常にハードルの高いチャレンジのように思えた。

迷ったが、結局、編集者の熱心な勧めもあり、私は再び日本ホラー小説大賞に挑戦する決意を固める。

しかし、取材や下調べに時間をかけている余裕はまったくない。いま自分のなかにある情報や題材のもとで、ひとつのホラー長編を完成させなければならない。

では、これまでの人生で最も〝恐怖〟を感じた体験は何だったか？　そこで真っ先に思い浮かんだのが、生命保険会社に勤務していた時代の体験だった。

実際、生命保険会社の現場というのはじつはネタの宝庫で、いまでもアイデアノートには当時の体験から得たアイデアがいくつもストックされている。そのほとんどは、いつか生命保険詐欺を題材としたミステリを書こうという気持ちで書き留めたものだが、在職時代には恐ろしい目にもたくさん遭ったから、やり方次第ではホラーに転化させることは十分に可能であると思った。

日本ホラー小説大賞への再チャレンジにあたり、最初のハードルは自己体験をホラー小説のプロットに落とし込むことだった。頭に思い浮かんでいたのは、当時、毎日必ず店頭にやってくるあるお客さんの存在だ。

ホラーには、恐怖をともなうクライマックスが必要となるが、生命保険業界の怖さというのは〝人間の怖さ〟だ。その部分を思い切りクローズアップするような展開が作れれば、自分ならではのホラー小説が書ける。そう考えてプロットを作り始めた。

このとき配慮したのは、一般の人にとって馴染《なじ》み深いようでいてそうでもない生命保険の舞台裏を、いかにわかりやすく描写するかということだった。できるだけスムーズに、この世界観に没入してもらわなければならない。

そのため、自分が実際に見ていた風景を、なるべくリアルに描写するように努めた。書類の山に埋もれる日常業務のシーンをしっかり描き、それがひとりの来客によって突然、非日常に転換する。表現したかったのは、そんな恐怖である。

基本的に、自分が嫌というほど味わってきた体験がベースになっているためか、執筆は思いのほか順調に運んだ。無事に締め切りまでに完成し、結果としてこの作品が大賞を受賞、『黒い家』としてお目見えすることになったのだ。

職場は最高の情報源

当時の選評や感想をふり返ると、「人間の怖さ」を描いた点が高く評価されたことに加えて、知られざる生命保険業界の事情を盛り込んだことが、多くの読者の関心を引きつけたことがわかる。

実際、ミステリの登竜門である「江戸川乱歩賞」では、〝他の人が知り得ない業界の情報を取り入れること〟が必勝法のように言われていた時期があった。情報小説と呼ばれるジャンルがあるが、フィクションであっても、一般的にあまり知られていない世界をリアルに描写することは、それだけでひとつのエンタテインメントになり得るということだ。

その点、職業というのは遍《あまね》く、一般的には知られていない情報の宝庫である。

生命保険業界で一例を挙げれば、「死因コード」というものが設定されている。死亡保険金の申請時に社内で用いる書類のなかに、「死因」を記す欄があり、それぞれのケースに相当するコードを記入するのだ。新人時代、そのコード一覧を見て驚いたことがあった。生命保険会社では、病気や事故、自殺などありとあらゆる死因を想定しているが、そのなかには「原子力事故」や「宇宙船事故」、さらには「核戦争」といったものにまでコードが割り振られていた。現実世界でこうした単語との接点を得ることは、非常に新鮮な体験だった。

生命保険にかぎらず、どの業界にもその世界ならではのルール、約束事などがある。それは基本的にその現場にいる人間しか知り得ないことだから、一般の人にとって物珍しい情報がたくさん存在するはずだ。

情報面を意識するあまり説明過剰になってはいけないが、他人があまり知らない専門分野を持っていることは、小説家として大きな強みとなる。これは作品に〝売り〟を設ける手っ取り早い方法とも言える。

その意味で、エンタテインメント作家を目指すのであれば、社会との接点を持つことは不可欠だと私は思っている。本書を手にした方のなかには、いま現在、なんらかの仕事に就きながら小説を書いている人も多いと思うが、職場は最高の情報源であるということをぜひ意識していただきたい。

まだ学生の立場であったとしても、アルバイトの目線から見た職場を舞台に生かすことは可能だし、そこに出入りするさまざまな人たちを観察することで、キャラクターづくりのヒントが得られるかもしれない。

じつは私自身、『十三番目の人格《ペルソナ》　ＩＳＯＬＡ』が日本ホラー小説大賞の佳作に入ったという電話を受けたときは、まさに貯金が底を突こうとしていたタイミングで、「どうせならディテールを小説の設定に生かせそうな仕事に就こう」と、警備員のアルバイトを物色していた矢先だった。

普段は見過ごしがちであっても、自分の職場のまわりにはたくさんの材料が転がっている。それを使わない手はない。ぜひ、身のまわりで情報収集に励んでみてほしい。それが、自分だけのオリジナリティあふれるアイデアを生む第一歩と言ってもいいだろう。

大学卒業後、すぐに専業作家を目指す人もいるが、就職するかどうか迷ったら、私は一度社会に出ておくことをおすすめする。たとえば、組織というものがどう動いているのか、いかに理不尽なものなのかをリアルに描けるのは、やはり経験した人の特権だ。そこには人間社会の縮図があり、作品を書くうえで必ず役に立つ。

次の章では、そうした知見やアイデアを具体的な物語に組み立てていくプロセスについて、もう少し詳しく解説していこう。

第二章　プロット

冒頭、クライマックス、結末の三点を決める

アイデアを磨き上げ、十分にイメージが膨らんできたら、次の作業は具体的な「プロット」を作ることだ。

プロットとはストーリーの骨組みを示した設計図のようなもの。たとえば前章で紹介したように、アイデアノートに記されているのが「もし○○が××だったら」という一行であった場合、今度は「それが起きるのはどのような状況か」「それを起こすためにはどういう条件が必要か」といったことを、具体的に考えていかなければならない。

ほんの一行のアイデアが、少しずつ肉付けされて大まかなあらすじとなり、さらにディテールやストーリーの起承転結を作り込むことでボリュームアップする。この手法を、「漸化式」と呼ぶ。

といっても、プロットの段階で何をどこまで細かく作り込んでおくかは、個人差がある。大まかな流れだけをペラ一枚にまとめるだけで本編を書き始める作家もいれば、進行や設

定を詳細に書き込んだ一覧表を事前に作る作家もいる。

どちらがいいのか一概には言えないが、たとえばミステリの場合は、最低でもメイントリックは先に用意しておくべきだろうし、ＳＦであればＳＦ的な設定を、ホラーであれば恐怖の対象を明確にイメージしておかなければ始まらない。

私の場合、プロットの初期段階で重視しているのは、結末だ。最終的に物語をどう着地させるのか、明確なゴールを初めに設定しておく。

結末が決まっていれば、あとは物語の冒頭の部分と、見せ場であるクライマックスさえ固めてしまえば、物語の骨格がほぼ決定する。この三点は橋の建設に例えれば橋脚のようなものだ。ここさえしっかりさせておけば、途中でストーリー展開にブレが生じても、ゴールを見失わずに済む。軸はブレないのである。

なお、この時点ではプロットは箇条書きで構わない。

次に、この三点が織りなす物語の骨格を肉付けしていく。舞台はどこがふさわしいか？　主人公はどんな人物か？　どのような脇役が必要なのか？　ストーリー上、必然性のある部分をどんどん書き加えていくのだ。舞台の設定やキャラクター造形については後述するが、このプロセスで物語のイメージをできるだけ具体化させておくのがポイントだ。

ところで、私は結末を先に設定するのが大前提と言ったが、過去には例外もあった。大まかなストーリーは固まっていながら、最後の最後まで結末に悩んだのが『青の炎』である。

これは高校生の少年が罪を犯す過程を描いた物語で、犯罪を犯人側の視点で描く「倒叙小説」と呼ばれるタイプの作品だ。つまり、先に結末を見せてしまっているため、ミステリでありながら「謎解き」の過程がないのが特徴である。その分、犯人の心情や状況を緊迫感たっぷりに描けるのが倒叙ものの面白いところだ。たいていの場合、最後に犯人に何らかの報いがあたえられて幕を閉じるのが王道的なパターンと言える。

しかし、高校生を主人公とした青春小説の側面が強いこの作品では、そういう結末が必ずしも正解とは思えなかった。

結末をはっきりと描かず、読み手の想像に任せて終わる手法もあるが、物語の着地点を丸投げするかのようで、少し抵抗がある。結局、考えても考えてもなかなか結論を出せないまま書き始めることになった。この作品で最終的に私がどのような結末を選択したのか、ぜひご一読いただければ幸いだ。

『悪の教典』は、よく読者の方から「続編もあるんですか？」と聞かれることがある。主人公であり事件の犯人でもある高校教師の蓮実聖司《はすみせいじ》が、ラストシーンでそういった含みのある発言をしているためだろう。

しかしこれは、続編があることを示唆したかったわけではない。この世界観において、この物語がまだ終わっていないことを示す目的によるものだった。作品として完結しても、彼らの世界はまだつづいていくのだ、と言いたかったのである。

こういった、まだこの先に何かが起こりそうだと暗示する手法は、海外映画などでよく見られる。物語に広がりを持たせるために有効な手法と言える。ラストシーンのあしらいによって、こうした効果が得られることも覚えておいて損はないだろう。

また、私自身が必ずしも実践していることではないものの、エンタテインメント作品には、ハッピーエンドが大切だと感じることがしばしばある。長い時間、手に汗を握って読み進めてきたのに、待っていたのがあまりにも救いのない絶望的なラストシーンであると、作品としての出来はともかく、読後感は最悪ということにもなりかねない。海外のホラー映画を観ていると、単に風呂敷《ふろしき》をたたむ手間を省いただけのようなアンハッピーエンドを見かけることがある。そう感じさせてしまっては、やはりいい作品とは言い難い。

もちろん、すべての登場人物がハッピーになる必要はないし、ときには悪夢のような終わり方をしないと着地感が出せないこともある。ただしその場合でも、読み手に納得してもらう工夫は必要だ。エンタテインメント小説は、作者の自己満足であってはならないのである。

ストーリーには複数の〝エンジン〟が必要

エンタテインメントであるからには、読者を楽しませなくてはならない。飽きさせないための工夫がいろいろ必要だ。そのために漸化式にプロットを成長させていく過程では、ストーリーにどのような起伏を設けるのか、具体的に考えていく。

ハリウッド映画の世界では、「五分に一度は山場を設定する」というセオリーがあるとよく言われる。たしかに、次から次に何らかの事件を起こせば、とりあえず間をもたせることはできる。

しかし、ただ間をもたせるために次々に人が死んでいくようなミステリが、読み手にとって面白いかというと、そうではない。ストーリー的な必然性もなく、無駄に事件を起こして山場を設けてもあまり意味はない。

大事なのは山場の頻度ではなく、山場までの過程だ。たとえば、早くクライマックスに行きたいあまり、物語の描写を怠り登場人物が長々と状況を説明したのでは、単調になって読み手を退屈させてしまうことになる。

エンタテインメントには〝推進力〟を持つエンジンが必要である。それは本格ミステリであれば「なぜだろう？」と思わせる仕掛けであり、ホラーであれば「どうなってしまうのか？」と思わせる演出だ。それが読者にページをめくらせる原動力となる。

長編小説の場合は、そうしたエンジンが複数必要であると私は考えている。物語の全体を牽引《けんいん》する大きなエンジンと、要所で作動する〝補助ブースター〟だ。

ラストまでに通底する大きな謎（大きなエンジン）は不可欠だが、それだけでは不十分だ。長編小説は中だるみが生じてしまいがちなので、適宜、小さな謎を仕掛けることで読者の関心を引き寄せる工夫が必要になる。予期せぬトラブルを発生させたり、主要人物の生い立ちの謎に迫ったり、全体のストーリーを崩さずに寄り道する方法を、ぜひプロットの段階で意識してみてほしい。

それらが有機的に連携したとき、初めて読者に〝寝食を忘れて一気読み〟という体験を提供できるはずだ。

また、読み始めたばかりの段階では、読者もまだその世界に入り込んでいないから、なるべく早いうちに興味を持たせる工夫が必要だ。長々と物語の背景を説明するようなつまらない幕開けでは、即座に投げ出されてしまうかもしれない。

私も『新世界より』執筆時には、この点に非常に頭を悩ませた。一〇〇〇年後の未来を舞台に、上下巻にわたるボリュームでSFを展開するこの作品では、まずは舞台についての説明をしなければならず、どうすれば飽きさせずに状況を伝えることができるかが大きなポイントであった。

こういう場合にひとつの打開策として有効なのが、早い段階で〝対立軸〟を提示することだ。

物事にはコンフリクト（競合、対立、衝突）が不可欠である、と小説作法において昔からよく言われる。仲の良い若者たちが手を取り合って談笑しているだけの物語では、やはりエンタテインメントとして成立しにくい。人vs人、あるいは組織vs個人、問題vs困っている人……などなど、最初にわかりやすく対置することで、読者の意識に関心の下地が生まれるのだ。

逆にいえば、プロットを立てるうえで、こうした対立構造を明確にしておくことこそ、ブレないストーリーづくりのコツとも言えるだろう。

たとえば、山本周五郎に『五瓣《ごべん》の椿』という傑作がある。これは周五郎作品のなかでは珍しい、サスペンスタッチのエンタテインメントである。

主人公は商家の娘だ。父親が病に臥《ふ》しているのをいいことに浮気を繰り返す母親に対し、怒りを抱いている。父親が息を引き取った後、主人公は母親とその男たちに対して復讐《ふくしゅう》を誓うというストーリーだ。

設定自体はわりとシンプルで、「必殺仕掛人」のイメージに近いかもしれない。多少あざとい部分が目につかなくもないが、それでも読ませてしまうのは、対立軸が明快であることと無縁ではないだろう。

しみじみとした人情話のイメージがある作家だが、エンタテインメントに徹した場合は、これほどクオリティの高いサスペンスが生まれるのかと感嘆したものだ。

「どんでん返し」という構成のリスク

ミステリにおいては「どんでん返し」の手法に憧《あこが》れを持つ人も多いのではないだろうか。たとえば最後の一行ですべてがひっくり返るような作品も、世の中には珍しくない。オチが狙い通りにうまく決まった暁には、読者も「やられた！」と嬉《うれ》しい悲鳴をあげることになる。それは作家冥利《みょうり》に尽きるリアクションでもある。

ただし、これは大相撲でいえば「外無双」のようなもので（ちなみにこれは、四つに組みながら差し手を抜き、相手の膝《ひざ》の外側に当ててひねり倒す難度の高い技のことだ）、決まらなければ大失敗が待っている。

ラスト一行でのどんでん返しを狙うのは、すでに多くの前例がある手法でもあり、よほど斬新《ざんしん》で精度の高い手法を思いついたのでもなければ、簡単に手を出すべきではないと感じている。

また、描写の仕掛けで読者をだます「叙述トリック」についても同様だ。

たとえば「○○駅から××駅へ向かった」という記述があれば、読んでいる側は当然、電車を使ったと想像するだろう。これをあとから、「じつは自転車を使っていました」といったささやかな仕掛けを講じられても、それは読者の信頼を悪用しているにすぎない。結果として読者から読書の楽しみを奪ってしまうようでは、やはり問題だろう。

誤解しないでいただきたいが、私はどんでん返しや叙述トリックが禁じ手だと言いたいわけではない。

ただ、初心者のうちからネガをポジにひっくり返すような奇策を講じることばかり考えるよりも、展開のなかで自然なサプライズを起こせるようにするほうが、現実的なのではないかと思う。何によらず、大技というのは基本的技量が備わった者でなければ成功しにくいものだからだ。

一方、前半に設定された伏線を、ラストで次々に回収するようなミステリは読んでいて楽しく、ミステリ作家を目指す人にとっては、一度はチャレンジしたい手法のひとつである。

こういったタイプの作品は、事前に緻密《ちみつ》なプロットを作り込む必要があるのではないかと、気負ってしまう人が多い。しかし、「伏線」というものを、あまり難しく考える必要はない。なぜなら、物語の結末とそこにいたるまでの展開が明確にイメージできていれば、伏線は自然に張りたくなってくるものだからである。たとえば、意外な真相（結末）に関係する場所に主人公が向かうシーンがあれば、何かしら匂わせたくなるものだ。逆に、そういった伏線をあとから序盤に戻って追加しなければならないようなら、まだまだ構成を煮詰めきれていない証《あか》しである。むしろ、前半で真相をほのめかしすぎてしまい、推敲《すいこう》の段階で少し消すようなことがあってもいいくらいだ。

その物語の世界において、作者は〝神の視点〟の持ち主であり、ラストまでのすべてを見通すことができる唯一の存在である。冒頭からその特権を存分に生かすつもりで取り組めば、適度な伏線が随所に配置できるはずである。

すべての判断基準は〝面白いかどうか〟

ひとつずつ具体的な設定を決めていくことで、ストーリーは植物のようにどんどん成長していく。最初に一本の幹（冒頭・クライマックス・結末の三点セット）を作り、そこから枝葉を伸ばしていき、必要に応じて花（補助ブースターとなる山場）を咲かせることになる。

物語をどのように設計するのかは作者の自由で、舞台ひとつをとっても、そこには無限の可能性が広がっている。しかし、物語を構成する要素の一つひとつが具体化していくにつれ、選択肢は自然に絞り込まれていくはずだ。

たとえば主人公の性別や年齢が決まったら、自《おの》ずとその人物を生かす舞台のイメージもある程度確定する。もし一〇代の女性が主人公であれば、特殊な事情がないかぎり学校に通っているはずで、高校（あるいは中学）という舞台を設定する必要がある。

そうなると今度は、クラスメートなどの脇役たちについてもイメージを膨らませていかなければならない。彼女はどんな教師に指導されているのか。部活やアルバイトはやっているのか。普段、どんな仲間に囲まれているのか。

また、クラスのなかで彼女にどのような役どころを演じさせるのかを考えると、その性格も少しずつ見えてくる。明るいムードメーカーなのか、それとも正義感ゆえに煙たがられる存在なのか。

こうしたディテールを詰めていく作業は、創作の醍醐味《だいごみ》とも言える楽しい部分だ。しかし一方で、自由度の高さゆえに、かえって決断できないこともあるだろう。何が正解なのかは書き終えてみなくてはわからないこともある。

そうした場合、判断基準となるべきことはただひとつ、「面白いかどうか」である。主人公が男性よりも女性のほうが、話が盛り上がるのではないか。現代劇よりも時代劇にしたほうが、ストーリーが映えるのではないか。考えられるかぎりの選択肢のなかから、少しでも面白くなる方向性を探してみてほしい。プロットづくりとはいわば、〝面白さ〟の鉱脈を探し当てるダウジングに近いものと言っていいだろう。

もちろん、「こうしたほうが面白そうだ」と思った方向に肉付けを進めていたものの、じつは袋小路《こうじ》に入り込んで八方ふさがりに陥ってしまった……といったトラブルも、私自身よく経験している。その場合は適当なポイントまで引き返して、違う方向性を模索するしかないが、あきらめずに考えつづければ、袋小路に見えた先に小さなトンネルが開けてくることもある。

ところで、コンピュータの囲碁ソフトがある時期を境に急にレベルアップしたのは、「モンテカルロ法」を採用したためだ。これは次の一手を選択する際、すべての選択肢についてゲームを最後までシミュレーションし、結果を踏まえたうえで結論を下すという、コンピュータならではのシステムである。小説においても、少なくともプロット段階においては手間を惜しまず、複数の選択肢を吟味するべきである。

ベストの舞台を選べ

舞台によって物語の印象は一変する。都心部を選ぶか田舎町を選ぶかで風景は異なるし、日本か外国かでも読み手が思い浮かべる背景は大きく変わる。書き手の側からすれば、ストーリーやキャラクターを最も効果的に動かすことのできる舞台をセレクトしなければならないから、その設定に大いに悩むことがある。

たとえば『青の炎』を執筆する際は、どこの街を舞台にするのがベストなのか、かなり頭を悩ませた記憶がある。最初に考えたのは、この物語は少年犯罪を題材にしており、読み手に辛《つら》い気持ちを強いる部分を含んでいるから、せめて舞台くらいは広々と空の開けた爽《さわ》やかな街がいいだろう、ということだった。

そこで横浜や鎌倉などが候補に挙がったが、考えた末、湘南《しょうなん》・江の島界隈《かいわい》に落ち着いた。さっそく取材がてら現地を訪れてみると、期待に違《たが》わぬ美しい風景に包まれていた。舞台として申し分のない環境であると直感すると同時に、こんな街で高校時代を送る人たちを心底うらやましく思ったものだ。

舞台設定についてよく質問されるのが『ダークゾーン』だ。これはモンスター化した人間が駒になり、将棋のようなルールで戦うSF小説で、舞台にしたのは「軍艦島」である。これは正式名称を端島《はしま》といい、世界遺産にもなった長崎県に実在する島だ。明治から昭和にかけて海底炭鉱の採掘場として栄えたが、一九七四年に閉山し、現在は無人島となっている。

最盛期は世界一の人口密度を誇り、島内には住宅や学校、商店など生活に必要な施設が完備されていた。そうした施設が四〇年以上も放置されたために廃墟《はいきょ》化しており、異様な光景を醸していることから、『ダークゾーン』の舞台としてうってつけと考えたわけだ。

結果として軍艦島はこの舞台に最適だったと考えているが、じつは舞台をセレクトする際、もう一つ候補があった。それは姫路城だ。姫路城は非常に入り組んだ構造が採られており、異形の存在同士のバトルの舞台として面白いのではないかと考えた。

最終的には廃墟が織りなす荒涼とした風景が決め手となり、軍艦島に軍配が上がったのだが、姫路城を舞台に採用していたら、まったく違った展開が生まれていただろう。

実在の地名を使うか、架空の地名を作るか

物語の舞台を考える際、実在の地名を使わず、架空の地名を設定するという選択肢もある。だが、私は特別な理由がないかぎり、実在の地名を使うように心がけている。これは自分自身が風景をイメージしやすいだけでなく、読み手の側もまた、物語に馴染《なじ》みやすいだろうという理由からだ。

その意味では、『ダークゾーン』のようなＳＦの場合、実在の場所を用いる必然性はないと思われるかもしれない。しかしこれは逆に、物語の設定があまりにぶっ飛んだものであったため、舞台くらいは実在の土地を使って、リアリティのバランスを取りたいという狙いがあった。真っ暗な空間にマス目を敷いて戦わせても、読者の共感を得にくいだろうと考えたのである。

また、『黒い家』は京都を舞台にしている。私自身が会社員時代に勤務していた土地であることが一番の理由だが、誰もが知っている場所でイメージを共有しやすいのはメリットだろう。それに「帷子《かたびら》ノ辻《つじ》」などという地名は、創作ではまず思いつかないもので、イ

ンパクトの面でも申し分ない。
作中では次のように描写している。

一両だけの古びた電車は、広い道から一転して路地のようなところに潜り込み、家の軒先や生け垣をかすめるようにして走る。目的地に近づくにつれて、若槻の中ではなぜか落ち着かない気持ちが増して行った。
三条口、山ノ内、蚕《かいこ》ノ社《やしろ》……。いかにも京都らしい駅名が続く。映画村で有名な太秦を過ぎると、次は、北野線との分岐点になっている『帷子《かたびら》ノ辻《つじ》』という駅だった。若槻は、駅名のアナウンスを聞いた時にひどく不吉な気分に襲われた。
なぜだろう。駅名の標示板を見ながら考えて、帷子という文字から死者に着せる経帷子を連想したのだと気がついた。天井の木目が幽霊に見えるのと同じで、不安定な気分の時にはよくあることだった。

(『黒い家』角川ホラー文庫)

一方『悪の教典』は東京都の町田市が舞台だ。これは構想段階から、「このストーリーを展開するならここしかないだろう」と、早々に決めていたことだった。もっとも、こちらは学園を舞台としたシリアルキラーものだから、町田市民の方は気分を害されたかもしれないが……。

実在の地名と架空の地名を混在させるのもテクニックの一つだ。『天使の囀《さえず》り』では、アマゾン川の支流沿いを行くシーンを描いているが、行程の途中に登場する地名はどれも実在のものだ。しかし、メインの舞台となる支流には、架空の名称を用いている。

我々は、二艘の船外機付きのゴムボートに分乗して、ソリモンエス川の源流の一つであるミラグル川を遡っていきました。蜷川教授が、カミナワ族から、ミラグル川の上流に古代文明の痕跡らしきものがあると聞いたためです。
（中略）
アマゾンには、本流以外にも無数の小さな川（とは言っても、利根川や信濃川クラスはざらですが）が集まっています。それら網の目のように張り巡らされた源流、支流は、水の色によって『白い川』、『黒い川』、『緑の川』の三種類に分けられます。

ミラグル川や下流のソリモンエス川などは典型的な『白い川』で、実際には、黄河のような黄褐色の濁流です。『白い川』は別名『肥えた川』(リオス・ファルトス)といい、中性ないしは弱アルカリ性で、豊富に栄養塩類を含んでいます。このため、魚影も濃く、多種多様な生物が暮らしています。

(『天使の囀り』角川ホラー文庫)

この抜粋部分でいえば、ソリモンエス川は実在しているが、ミラグル川は架空である。これはよく使われる方法である。たとえば、実際には「三丁目」までしか存在しない町名に、あえて「四丁目」を設定し、そこで凄惨《せいさん》な事件を起こす、といったミステリをよく見かける。リアルと接点を持たせようとしているわけで、一定の効果がある。

以前、村上春樹さんの短編集『女のいない男たち』の一編に対し、舞台となった北海道・中頓別《なかとんべつ》町の町議が抗議する出来事があった。これは、同町では住民が当たり前のようにタバコのポイ捨てを行なっている、という描写についての抗議で、マスメディアを巻き込んで賛否さまざまな意見が湧き上がり、結果的に作品内の地名は訂正されることになった。実在する地名を用いることの危うさを示した出来事と言えるだろう。

このケースについては、抗議するよりもこれを逆手に取って町をアピールするような、大人の対応もあったのではないかと私などは感じてしまうが、不快に感じる当事者が存在したのは事実である。少なくとも、プロになって作品が世間に流通する立場になってからは、留意すべき点なのかもしれない。

『新世界より』の舞台が一〇〇〇年後の日本だった理由

舞台の構築には地名だけでなく、時代の設定も必要だ。明らかな現代ものの場合、とくに年代を明記しないケースもあるが、ＳＦやファンタジー、あるいは時代ものの場合はある程度明確にしなければならない。たとえば『新世界より』では、一〇〇〇年後の日本を舞台にしているが、これには明確な理由がある。

前提から説明すれば、この物語は生物の攻撃抑制に対する興味から着想したもの。もし、人間にトラやライオンのように容易に他人を殺《あや》められる攻撃力が備わっていたら、どのような社会が生まれるのだろう、と考えたのが始まりだった。

私はその〝高い攻撃力〟を超能力と設定し、一人ひとりが特殊な能力を身につけている世界を創出した。なぜ過去でも現在でもなく、未来に設定したのか。また、なぜ一〇〇年後、二〇〇年後ではなく、一〇〇〇年後だったのか。

ここで描写している一〇〇〇年後の日本は、いかにも未来的な大都市ではなく、緑に覆われた未開の風景だ。むしろ古代の日本に近い舞台で、緑のなかに点在する集落で人々は生活している。まず、こうした背景を描く際、大昔の建築物の遺構を登場させたいという思いがあった。それも、読者にとって馴染みのある建築物であるのが理想的で、実在している建物が廃墟として登場すると面白いのではないか、と。

そうした現代のさまざまな遺物が垣間《かいま》見られる世界を描くには、一度は崩壊した社会の未来であるのがベストだった。それも、建物が遺物として残るレベルの未来となれば、遠くても一〇〇〇年後くらいが適切だったわけだ。

そうした設定から、次のような描写も生まれてくる。

木造の建物の中には、千年の風雪に耐えるものも少なくないらしいが、それよりずっと進歩しているべきコンクリート製の構造物は、大半が百年未満で崩壊してしまうというのは、大いなる歴史の矛盾の一つだろう。

中央合同庁舎第8号館のうち、地階の大半と地上二階までが原形のまま残されたのには、いくつかの要因があったらしい。第一に、税金を湯水のように使って購われたハイテク・コンクリートが、鉄骨や鉄筋が朽ち果てた後も、建物の形を保てたこと。第二に、ビルの地下及び基礎部分が、地下水が湧出した地下河川に没していたこと。第三に、地上部分が、崩壊した他のビルのコンクリートによって覆われたことだった。このため、戦争と破壊が終わった後、地上に残された瓦礫の山が熔解し、石灰分がカルスト大地化して、結果的に、この建物を保護してきたのだった。

（『新世界より　（下）』講談社文庫）

また、構想の段階では「変な生き物を描いてみたい」という気持ちもあった。そのためには生物が進化する時間が必要となるが、本来、作中に登場するバケネズミのような種が登場するには、何万年単位の膨大な時間がかかってしまう。

しかし、それでは現代の遺物を登場させることができない。そこで超能力の影響によって進化が早まったという設定を作り、それらが両立するギリギリの設定が「一〇〇〇年後」だろうと考えたのだ。

こうしたケースから言えるのは、〝書きたいこと〟さえ明確であれば、そこから逆算して作られる部分は多いということだ。必然性に従ってディテールを定めることで、物語の舞台は安定感を持つのである。

「主題」にとらわれるな

小説指南書などを読んでいると、小説には「主題」が必要であるといった記述をよく目にする。「主題」とは、作品全体を通して伝えたいことで、「テーマ」ともいうが、これはなかなか難しい問題だ。

私自身は、エンタテインメントを執筆するうえで主題を必ずしも意識する必要はないと思う。というのも、ひとつの物語を熟考して書き進めていれば、主題は自然に表現されていくものであるからだ。

私の作品から例を挙げれば、『黒い家』にはもともと明確な主題の設定はなく、会社員時代の自己体験をホラーとして構成しただけのものだった。しかし結果として、現実社会のモラルの崩壊を指摘する描写が多い作品となった。社会派小説を気取るつもりなど毛頭なかったが、この題材を深掘りしていくと自ずと浮かび上がってきたものだったのだ。

一方で『新世界より』は、前述したように人間が内に抱える〝攻撃性〟から着想を得た作品だから、我々はその攻撃性をいかに制御するべきなのかという主題を最初から内包している。

生物が持つ攻撃抑制は、学生時代から関心を持っていた主題だ。人間は肉食獣のように鋭い牙《きば》や爪を持っているわけではないから、生身では非常に攻撃力の弱い生物である。そのため武器を駆使して殺し合うことになったが、対照的に、高い攻撃力を備えているトラやライオンは、人間のように、一方の死に至るまで傷つけ合うことをしない。それは高い攻撃力に見合った攻撃抑制を備えているからだ。

生物が本来、持ち得る攻撃力に見合った攻撃抑制しか持たない前提があるのなら、種の本質から逸脱した攻撃力を得てしまった人間が互いに殺し合ってしまうのも、やむなきことかもしれない。

そんな主題を、「もし〇〇が××だったら」の手法で煮詰めていったところ、人間がもともと生身で高い攻撃力を持つようになったらどうなってしまうのか、という着想に至ったわけだ。

極端にいえば、もし一人ひとりが核ミサイルのボタンを携帯しているような状況になったら、そこにはどのような社会が構築されるのか。主題からプロットを広げていった一例と言えるだろう。

このように、最初から主題を設けている『新世界より』のような例もあれば、後から主題が浮かび上がってきた『黒い家』のような例もある。つまりは、主題についてあまり杓子定規に考える必要はなく、最初は主題らしきものが見当たらなかったとしても、内容に付随して浮かび上がってくるものと考えるべきなのだ。

また、新人賞の応募作品には、しばしば「自分はこういう社会状況を告発したいんだ」という問題意識をもって書かれた作品が見られるが、そういう作品ほど、キャラクターに〝演説〟させてしまっている。それが正論であるほど読み手としては興醒《きょうざ》めで、エンタテインメントとしては失格であると言わざるを得ない。

理想は、物語が内包している主題が、読み進めるうちにごく自然に頭のなかで形を取るような小説だろう。そしてそれはおそらく、書き手にとっても無意識のうちに書きたいと思っていたものの正体であるはずなのだ。

小説の題材にタブーはあるか？

初対面の相手と話す際は、「政治」「宗教」「プロ野球」という三つの話題は避けるべきだと言われる。これらは人それぞれ立場や見解が異なるため、主張が食い違って揉《も》め事の原因となるからだ。原発の是否などもこれに該当するだろう。

同じように、小説にもあまりふれるべきではない題材というのがあるのではないか、という疑問を持つ人もいると思う。フィクションだからといって、意見が分かれやすいテーマについて無遠慮に語ると、一定数の読者から強い反発を受けるのではないかという懸念である。

しかし私は、小説にタブーはないと考えている。

社会派の小説として明確なビジョンを持った作品であれば、あからさまな政治的主張が含まれていたとしても、小説としては成立する。

こうした主題に気を遣うよりも、素人探偵に対して、誰もが非常に協力的で素直に話をしてくれたり、行き詰まったところで事件のカギとなる証拠や証人が都合よく現れたりするような展開のほうが、よほど問題である。

もちろん、だからといって特定の個人を攻撃するような描写や、マイノリティを差別するような表現が許されるわけではない。あくまでも良識の範疇という条件付きで、結果として面白いエンタテインメントが提供できるなら、作家は題材のタブーを恐れるべきではないだろう。

タイトルのつけ方

当たり前のことだが、小説には必ずタイトルがある。タイトルは大事だ。ヒットの要素のきわめて大きい部分を担っている。私自身、これはキャラクターの名前以上に毎回頭を悩ませるポイントだ。

新人賞への応募作品であっても、タイトルからもたらされる第一印象は大きい。決して手を抜いてはいけない。私の場合、プロットを組み立て始めた段階で、とにかく仮タイトルをつける。これは意外と重要な作業で、たとえ仮置きであっても早い段階から納得のいくタイトルがついていると、気分よく筆が進む。

たとえば『黒い家』の場合は、最初のタイトルは『モラルリスクの黎明《れいめい》』というものだった。いまふり返ると我ながらあまりいいタイトルとは思えない。そのまま世に出ていても、この作品があれほど多くの方に読んでもらえたかはいささか疑問である。

では、なぜ発表の直前にこのタイトルが変更されたのか。これは当時、日本ホラー小説大賞の選考委員、高橋克彦さんの〝鶴の一声〟によるものだった。「タイトルは『黒い家』しかないだろう。黒い家の話なんだから」とおっしゃったのだ。

これには私も編集者も、思わず膝を打った。考えすぎるあまりまったく思い至らなかったが、シンプルなところに答えがあった、という印象だった。

書き手としては、やはり気の利いたタイトルをつけたい。しかしその作品への思い入れが深いだけに、一途《いちず》に考えすぎて凝りすぎてしまい、結果的にあまりいい方向へ運ばない傾向がある。悩みあぐねた場合は、ひとまず時間をおいて、一度頭をクールダウンさせるほうがいい。

その点、『悪の教典』などはわりと早い段階で確定していたタイトルだった。『鍵《かぎ》のかかった部屋』は、ポール・オースターの作品名から拝借したオマージュである。

また、比較的最近発表したものに、『雀蜂』という中編ホラー作品がある。これもギリギリまで、『雀蜂』でいくのか、それとも『スズメバチ』とするのか思案していた。

最終的に漢字のタイトルを選んだのは、字面から喚起される硬質なイメージを重視してのことだ。カタカナのほうがスムーズにあの大きな蜂の姿を思い浮かべてもらえるだろうが、漢字にすることでプラスアルファの要素を連想させる。そのほうが怖さが出ると考えた。これは私にとって、いまでも気に入っているタイトルのひとつだ。

本格ミステリを書く際の独特のセオリー

小説にはジャンルがある。せっかく素晴らしいアイデアを思いついても、それを生かすのにふさわしいジャンルを選ばなければ、作品が台無しになる。

しかしその一方で、最近のエンタテインメントの傾向として、ジャンル横断的な作品が多くなっている。SFやファンタジー的な要素を含んだミステリも枚挙にいとまがない。

小説はもはや、総合格闘技に近い分野になりつつあり、読者をノックアウトするためには持ち得るアイデアのすべてを投ずるべきだ。

その意味で、無理にジャンルに寄せようとして、展開を制限することはすすめられない。鉢に合わせて植物を育てようとすると、自ずと生長に限界が生じるように、必要以上にジャンルに縛られてしまうと、作品全体が小さくまとまってしまうからだ。

理想はプロットが育っていく方向に合わせて鉢を用意することで、最初はミステリのつもりで書き始めた原稿でも、展開が少しずつ現実離れしてきたのを感じたら、割りきってＳＦにしてしまうようなことがあってもいいだろう。

それでも本格ミステリだけは、他とは一線を画する特殊なジャンルであると、私自身も実感している。

プロットの作り方からして、本格ミステリとそれ以外のジャンルでは、手順が大きく変わってくる。簡単に言えば、〝この先どうなっていくのか〟を考えていくのが普通の小説で、逆に〝なぜこうなったのか〟を考えていくのが本格ミステリなのだ。

『硝子のハンマー』や『鍵のかかった部屋』などの防犯探偵・榎本《えのもと》シリーズでは、これまでさまざまなタイプの密室トリックを展開してきたが、いずれもアイデアの根本はトリックで、これがなければ何も始まらない。プロットを作る際も、トリックから逆算して、それが成立するための環境や条件を確定していく手法を採っており、他の作品とはプロセスはまったく異なっている。

そもそも本格ミステリの場合は、面白いトリックをひねり出すことが最大の難関と言えるが、なかなか意図的に発想できるものではない。そこでひとつの対策として有効なのは、複数のトリックを組み合わせる手法だ。

プロットが複雑化するのが難点ではあるが、ひとつのトリックを単体で見た場合にはありきたりでも、いくつものトリックを合わせ技で用いることで、インパクトのある展開を作り出すことは可能である。

また、本格ミステリでは、トリックを編み出したあとに〝別解つぶし〟の作業が待っている。たとえば密室ものであれば、密室で殺人が起こり、それを探偵役が検分して手口や犯人を突き止めるのがセオリーだが、探偵が看破した方法以外にもその密室を作る方法があっては、ミステリとして成立しない。他の解をしらみつぶしに消去していく作業が不可欠なのだ。これは防犯探偵・榎本シリーズにおける、人知れぬ苦労のひとつである。

本格ミステリとは、何よりもこうした精度が重視されるジャンルであり、別解つぶしやトリックの実現性の検証を疎《おろそ》かにすると、致命的な欠陥を負うことになりかねない。実際、私も締め切り間際になってメイントリックに大穴を見つけてしまい、大慌てで修正した経験がある。また、やはり密室トリック系のある作品では、事前に専門家への取材を重ね、満を持して連載をスタートしたが、初回が掲載されてから、そのあとに用意しているトリックがじつは成立していないことに気づいてしまったことがある。とんでもない見落としがあったのだ。

幸い、まだ被害者も死んでいない序盤での発見だったため、トリックさえ修復できればそのまま続行可能という状況だった。まさか連載を中止するわけにもいかず、とにかく必死に考えを巡らせたものだ。

そうした自己体験を踏まえて思うのは、少なくとも技術的な瑕疵というのは、必死に考えつづければ必ず解決方法が見つかるということである。ただし、中途半端な弥縫《びほう》策は御法度だ。欠陥があれば、それを逆手にとるくらい発想を広げた方がいい。たとえば、どうしてもその密室トリックに破綻《はたん》があるなら、最終的にそれを犯人が見落とした部分として使い、逮捕へとつなげる展開にアレンジすることも可能なのである。

ミスや見落としに気がついても、必ず道が開けることを信じて、あきらめないで欲しい。もちろん、プロットの段階でより細心の注意を払うことが一番ではあるが。

一二〇枚に達した『天使の囀《さえず》り』のプロット

ひとつの長編小説に取りかかる際、どのくらい詳細なプロットを準備するかというのも、個人差のあることだ。しかし私は、プロットは緻密《ちみつ》に作るほどいいと考えている。プロットの段階であまり細かく作り込んでしまうと、物語のダイナミズムが損なわれるのではないかと不安に思う人もいるかもしれないが、それは杞憂《きゆう》だ。どれだけ緻密に結末まで決めておいても、実際にその通りにストーリーが展開することはほとんどない。必ずどこかで脱線するものだからだ。だからこそ、脱線した場合にどこに戻ればいいのか、最終的にどこにたどり着きたいのか、明確な筋道が必要となるのだとも言える。

私の作品でも、早い段階で死ぬ予定だった人物がなかなか死ななかったり、まだ生き延びる予定であった人物があっさり死んでしまったりと、イレギュラーな事態が数多く発生したものがある。しかし、最後の着地点をはっきりと決めておいたおかげで、ストーリーに破綻をきたすことはなかった。むしろ、結末をしっかり決めていたことにより、安心して登場人物を泳がせることができたと思う。

プロットづくりで忘れられないのは、デビュー三作目にあたる『天使の囀《さえず》り』を執筆したときのことだ。プロットだけで原稿用紙一二〇枚ほどにまで膨れ上がってしまったのだ。大部分が箇条書きで、部分的にキャラクター同士の会話まで書き込んだ詳細なものではあるけど、分量的にはちょっとした中編小説並みである。

読んでもらう前に少し補足すると、この作品の最初の章は、アマゾン探検隊に参加し、いまなお現地に滞在する作家の高梨から日本にいる恋人の早苗に次々と送信されてくるメールの文章だけで構成している。

読者は何通にも及ぶメールの文章を立て続けに読むことで、高梨の精神状態や早苗との関係性、彼が加わっている探検隊メンバーの人間性、さらにこのメンバーが遭遇する出来事などを知ることになる。

・高梨光宏から北島早苗にあてた電子メール（衛星電話とノートパソコンによる）、手紙、絵葉書など。↓『メールにはルビは使えない』などの問題。

作家であるため、文章は達者。前半の数通からは、絶望的なまでに暗いトーンが滲み出ている。

「死が恐ろしい本当の理由は、生と死とが本質的に等価ではないということだ。死こそは本来あるべき状態であり、現在の生というものは、信じられないくらい稀で異常な現象、不安定な状態なのだ。それは、宇宙の開闢以来の無限に近い時間の中で、あるかなきかの一刹那にすぎない。それが現在の状況だ。死が怖いのではない。瞬間に過ぎ去ってしまい、二度と繰り返すことない、この異常な生のあり方が怖いのだ」

(しかし、大自然に接するうちに、しだいに気持ちがほぐれてきたらしく、アマゾンに対する素朴な驚きを書きつづるようになる)

・大アマゾンの、動物相(フォーナ)と植物相(フローラ)。栄養塩類に乏しい、薄い地層。地誌と環境破壊問題。無秩序な森林伐採と焼畑農業。貴重な遺伝子資源が、手の施しようもないままに永遠に消えて行こうとしていること。アマゾン横断道路。先住民は、次々と文明の渦に呑み込まれ、誇りを失い、大都市の底辺のスラムに吸収されつつある。

・探検隊のメイン・テーマは、急速に減少する熱帯雨林の調査によって、地球規模の環境問題を考えることだった。（主催は、新聞社と通信社など）日々の生活とアマゾンの描写。カミナワ族。アマゾンの先史文明。オマキザルの研究。ジャングルの中を吹く突風。（怪物が通ったような音）

・共同生活している探検隊員の性格描写。

文化人類学者の蜷川武史（五十五歳）は、細身で、眉間に深い立て皺があり頬がこけている。フィールドワークの鬼。信念の人。強烈な自己抑制力。何者をも恐れない。妻と子供はいるが、十年以上、ずっと別居している。現代の日本を憂えている。タカ派的主張↓反社会的団体へはどんどん破防法を適用すべき。麻薬対策は、オランダではなくインドネシア方式に学ぶべき。非行少年の矯正には、カルト宗教のノウハウを使えばいい。

森豊（三十六歳）は、内向的で自己イメージが低い。容貌に対するコンプレックス↑歯の不正咬合。女性に対するときは、苦痛に歪んだような表情になる。軽い吃音？　日本のサル学の権威といわれる教授の研究室にいる。万年助手の給料では生活は苦しく、独身である。蜷川に出会って、すっかり心酔している。暇なときには、一人でノート・パソコンを覗いている。（何をしているのかはわからない）

赤松靖（四十五歳）は大兵肥満で社交的な好人物だが、ホエザルの声に怯えるなど、臆病で神経質な一面を持つ。妻と男の子三人。家庭は円満らしい。

カメラマンの白井真紀（三十二歳）は、知的で落ち着いた感じの女性。あまりしゃべらず、暇なときには、いつも娘の写真を眺めている。

森の研究。人類やチンパンジーとは異なった進化を遂げてきた新大陸ザルである、オマキザルの持つ高い知能について。フサオマキザルの脳重量を計測して算出した脳化指数と、知能テストの結果は、ボノボ（ピグミーチンパンジー）以上。

オマキザルの種類間の住み分け。その中で唯一、雨期になると水没する湿地林（バルゼア）に住むウアカリ。『悪魔の猿』。天敵であるジャガーやオウギワシ（カンムリクマタカ、サルクイワシと並ぶ、世界の三大猛禽の一つ）。急降下するときに風を切る、獰猛な羽音。

蜷川教授の調査。世界で最も古くから麻薬を使ってきた民族である、インディオ。↓現在は、コカインを作っている。森の精霊に関するインディオの伝説。

かつて、アマゾンに存在していたと思われる、謎の古代文明の痕跡を探っている。（↓スネーク・カルト）アマゾンの諸部族を言語学的に調査した、アメリカの人類学者ラスラップの仮説。アマゾン・モンテアレグレ洞窟で発見された、一万一千年前の壁画。有名なアンデス文化の遺跡であるマチュピチュの砦の防備は、アンデス高原ではなく、アマゾン渓谷に向けられていたという事実など。↓なぜ、滅びてしまったのか？

※　インディオの村にあった遺品↓妻を殺害した上、焼身自殺した、アメリカ人霊長類学者（ロバート・カプラン）の話。（ここでは軽く触れるだけ）

※　『呪われた沢』でのエピソード。

蜷川武史（文化人類学）、赤松靖（植物学）、森豊（霊長類学）、高梨光宏（作家）、白井真紀（女性カメラマン）の五人は、アマゾン最深奥部を探検している途中で、道に迷ってしまった。以前に地図が描かれた時とは川の流れが変わってしまっていたのだ。アマゾンの探検は、少人数、軽装備が常識である。このため、食料が底をつき、野生動物を射止めるしか方法がなかった。

だが、そのあたりの川は、『飢餓の川（リオス・デ・フォーメ）』と呼ばれる、酸性度が強く栄養塩類の乏しいコーヒー色の川であり、魚は、まったく釣れなかった。しかも、高梨の不注意からカヌーをひっくり返してしまい、弾丸をすべて失ってしまった。

彼らは、いつの間にか、カミナワ族が『呪われた沢』と呼び、近づかないように警告していた場所にやってきていた。（↓森の聖母（マドレ・デ・モンテ）＝クルピラなど？）

ようやく帰り道は判明したものの、すでに日が暮れかかってきていた。途中でオンサ（ジャガー）に出くわすと危険なため、やむをえず、空きっ腹を抱えて夜営することにする。（ジャガーは、人間に興味を抱き、後をつけたりする習性がある）森の中は、枝に帰った無数の鳥の囀りで満ちている。

満月の下、彼らの前に一匹のウアカリが現れる。ウアカリは、なぜか、逃げようともせずに、じっと探検隊員たちを見つめていた。仲間と喧嘩でもしたのか、毛のない真っ赤な頭部には、爪痕のように白っぽい線になったミミズ腫れが、幾筋も入っていた。

蜷川が、そっと忍び寄って、銃の台尻でウアカリを撲殺する。五人は、歓声を上げて、死んだウアカリの皮を剝いでばらばらに解体し、内臓と首や手足の付け根にある臭腺を取り去ってから、焚き火で焼いて食べた。

　これまでにも、サルは、多数食べていたが、飢えていたために、この日の生焼けのウアカリほどうまかったことはなかった。だが、頭と手足だけは、(特に、暗い上に焼けていると、輪郭からは)あまりにも人間そっくりで、食べられなかった……。

　このエピソードのしばらく後から、メールのトーンに明らかな変化が見られるようになる。病的なペシミズムが影を潜めるようになり、希望を感じさせる言葉が多くなるが、しだいに躁病的（マニック）な観念奔逸や支離滅裂な部分なども目に付くようになる。

　紺碧の空から、何かが舞い降りてくる悪夢について。羽音。奇妙な呪詛のような囀り。密林を縫うアマゾン横断道路の上をどこまでも逃げる。

　最後のメールでは、カミナワ族とトラブルがあり、探検隊が村から退去することが告げられる。

　こんな調子で延々とつづいている。

　このとき、私の胸中には一抹の不安があった。『黒い家』のあと、実質的に受賞第一作となる作品だったため、「ここで失敗しては生き残れないだろう」と。まさに正念場だと強く意識し、かなり気負いもあった。そうした思いが、一二〇枚というプロットのボリュームに表れたのかもしれない。

プロットにこだわりすぎるな

プロットは緻密に作るほどいいと書いたが、長ければいいというわけではない。どれだけ長いプロットを用意しておいても、それが生かせないこともしばしば起こり得る。

たとえば『雀蜂』の場合は、あらかじめ組み上げたプロットに従って、一度は結末まで書き上げていた。しかし読み返してみると、「やはり犯人は別の人間であるべきだ」との思いが強くなり、まったく結末が異なる物語に改稿した経緯がある。プロット段階では感じ取れなかった違和感が、完成して初めて表出したケースだ。

また、『クリムゾンの迷宮』も、当初のプロットとは大幅に異なるかたちで世に出た作品だ。こちらは架空の土地で命を賭《か》けたゲームが展開されるストーリーだが、当初の予定では、オーストラリアの北西部にあるバングルバングルという国立自然公園に旅客機が墜落するところから始まる設定だった。

ところが、それなりの分量を書き上げた段階で筆が止まってしまい、私はほとほと困り果てていた。どうしてもイメージがそれ以上膨らませられず、どうすればより面白い展開に持っていけるのか、なかなか結論が出せずにいたのだ。

そんなタイミングで、編集者から「現地に取材に行きませんか」との誘いがあったのは僥倖《ぎょうこう》だった。ヒントが得られることを期待し、私は実際にバングルバングルへ行ってみることにした。

実際に現地に降り立ったとき、私のなかにあったイメージがすべて覆った。あまりに現実離れした風景を目の前にして、「これは飛行機事故などではなく、もはやゲームの世界として構成するべきだ」と翻意したのである。

書き直しはなるべく避けるに越したことはないが、実際に書き始めてから気づくこともあれば、取材によって新たなインスピレーションが得られることもある。より良い作品を目指すのであれば、当初のイメージにとらわれず、ときにはプロットを捨てる勇気を持つことも大切なのだ。

プロットは細かく作り込んでおくに越したことはないが、あえて曖昧《あいまい》な部分を残しておくというテクニックもある。

もちろん、書きたいテーマや書きたいシーンなど最低限の要素を確定させておくことは必要だが、どのように大風呂敷を広げ、それをいかにたたむのかさえ決めておけば、そのプロセスが多少予想外の方向に動いたとしても、全体をブレずに維持することができる。

実際、登場人物が動き出すと作者が当初思っていたのと違う展開になっていくことがあるものだ。たとえば何か大事件が発生した場合、それに対する人々の反応は、そのシーンを書きながら考えたほうが臨場感が生まれるだろう。恐れおののいて逃げまわる人もいれば、妙に冷静な人、なんとか状況を打開しようと知恵を絞る人……、現場にはさまざまな人間がいるはずだ。こうした自然な連想の流れを断ち切ってまで、予定通りにキャラクターを動かすことに固執するのは得策ではない。

フィクションにも〝論理〟が必要だ

ある意味では、プロットを肉付けしていく作業は、小説を執筆する作業そのものであり、それまでに得た知識や体験が大きくものを言うはずだ。この際、自分にとっては当たり前の日常業務が、他人から見れば興味深い情報の宝庫であり得ることは、前述した通りである。

少々極端な例になるが、印象深いのがフレデリック・フォーサイスの『ジャッカルの日』だ。

これは一九六〇年代初頭のフランスを舞台としたサスペンスで、大統領暗殺を企てる武装組織が雇った暗殺者「ジャッカル」と、それを阻止しようとするフランス官憲の追跡を描いた物語である。作者のフォーサイスは、もともとジャーナリストだった人物で、実際に六〇年代初頭にフランスに駐在していた経験が、存分に生きている。

この作品から感じられるのは、優れた物語の世界観には、必ず〝構造〟や〝論理〟があるということだ。たとえば現実社会の根底には経済があり、そのうえに政治や文化が乗っかっているのだとよく言われる。小説もまた、論理的な骨格のうえに構築されていなければいけないことが、この作品から読み取れる。

フォーサイスはジャーナリストとして得た知見をベースに、この作品の根底に、国際政治の非情なシステムを据えている。国家が国益を追求する際に、なおざりにされる個人の幸福。それゆえに生まれる軋轢や葛藤《かっとう》をきちんと描いているからこそ、大きな感動が生まれる。もし、人間ドラマだけを重視して葛藤を描いたとしても、これほど読み手の心を動かす作品にはならなかったに違いない。

多くの作家は、理に偏りすぎることを〝頭でっかち〟ととらえ、好まない傾向がある。たしかに、理屈ばかりこねていても面白い作品は生まれない。だが、主人公の心情を描くことが主な目的であっても、その根底には論理が不可欠だ。それがないまま、多くの人物が登場して社会を揺さぶるようなストーリーを展開しようとしても、まるで骨のない軟体動物のようにぐにゃぐにゃなものになってしまう。

フォーサイスの筆致には、ルポルタージュ的で無味乾燥との批判もあるが、サクサクと読み進められる乾いた文体が心地よく、夢中になって読んだことを覚えている。これも、現実に立脚した論理的な骨格が、物語に安定感をもたらしているからだろう。

また、「007」シリーズで有名なイアン・フレミングもまた、第二次世界大戦中、実際にスパイとして活動していた人物である。そのため、一見すると絵空事のような世界を描きながらも、背景に東西冷戦の構図を置くなど、物語の骨格にしっかりした論理が存在することが窺《うかが》える。

「007」シリーズはひとことで表すと、主人公のジェームズ・ボンドがひたすら〝モテまくる〟話といっても過言ではないが、それでも大人の鑑賞に堪える作品に仕上っているのは、内在する冷徹な論理の賜物《たまもの》だろう。

このシリーズはいまや映画のほうがすっかり有名になった。最近では、原作の小説で読んだことのある人は少ないかもしれない。じつは、近年になって発表されている作品は、もともとの原作者であるイアン・フレミングが書いたものではない。作家志望の皆さんには、ぜひフレミングの手による原作をご一読いただきたい。王道のエンタテインメントのツボを押さえたストーリー展開は、必ずやプロットづくりの参考になるはずだ。

プロットが完成したら検証せよ

あらゆる瑕疵は、プロットの段階で解消しておくのがベストである。それなりに書き進めた段階で、致命的な設計ミスに気がついてしまったり、あるいはストーリーの面白さに疑問を感じたりするようでは、執筆をつづける意欲を失ってしまうだろう。

そのため、プロットが完成したら、それを徹底的に見直すことが重要だ。完成したらすぐに小説の本文を書き始めるのではなく、一度頭をクリアにしてじっくり精査してみる。

ひと呼吸おいて全体を俯瞰《ふかん》してみることで、初めて気がつくことも多々あるはずだ。

ストーリーに起伏が少なく、退屈なのではないか？

進行にスピード感が足りず、読み手を飽きさせてしまうのではないか？

クライマックスが急転直下すぎて、展開が不自然ではないか？

そうした疑問や不備は、プロットの段階で修正しておくべきものである。少しでも面白く読ませるために、できるかぎりの仕掛けを講じてほしい。


また、どれほどアイデアが優れていたとしても、そもそもテーマや内容に問題があるケースもあるだろう。たとえばミステリの場合は犯罪を扱うことが多く、そこには一定の「倫理観」が必要だと私は考えている。

『青の炎』のなかで用いた殺人法は、実際には問題が生じるため実現不可能であることを最後に明記している（試してみたわけではないので、一〇〇パーセントの自信はないが……）。

最近では現実の事件において、トリカブトの毒が利用されることが珍しくなくなっているが、じつはこれは、あるミステリ作品によって広まった方法だと言われている。もしそれが事実なら、リアリティが思わぬ波紋を呼んだかたちだ。

昨今、凶悪犯罪の低年齢化を受け、マンガやゲームの影響を指摘する声もあるが、それが事実であるかどうかはともかく、そのつどやり玉に挙げられるのは、業界全体にとっても決して好ましいことではない。その意味で、ミステリ作家は提供する情報について慎重であるべきなのだろう。

ミステリの重鎮として知られた土屋《つちや》隆夫《たかお》が生前、完璧《かんぺき》な身代金の受け渡し方法を思いついたが、悪用されることを恐れて作品には使わず封印したという逸話がある。

個人的には、それがどのような手法だったのか非常に気になるところだが、土屋隆夫の潔癖な姿勢を示すエピソードと言える。

現場の空気を感じとれ

どれほどイマジネーション豊かな人でも、「無」から「有」を生み出すのは難しいものである。作者自身がよく知らない事象であれば、それについてどれだけ長々と描写したところで、説得力は生まれない。

そのため小説を書くにあたり、情報収集は欠かせない作業だ。つまり「取材」である。ひとくちに取材といっても、多種多様な方法があるが、目的を大まかに分類すると、「特定の場所の雰囲気を知るための取材」と「事実や情報を確認するための取材」の二通りになる。

まず前者の取材例を挙げよう。

学校を舞台とした作品を書く際には、やはり実際に学校風景を見学に行った方がいい。施設や環境もさることながら、そこに存在する人々の空気感を知るのも大切なことだからだ。

『青の炎』のときには、実際に湘南界隈の高校生たちに話を聞いているが、『悪の教典』では、先生方にインタビューをさせていただいた。

聞きたかったポイントは、職員室の雰囲気や、現代の子供たちの気質などだったが、思いがけず昨今の学校が抱えている問題と、それに対する教員側の取り組みについて、興味深いエピソードを多々聞くことができた。

大雑把な印象として、若い先生方は非常に頑張っておられるようだが、一般企業と同じく、働かない中高年層というのが一定数存在するのも事実らしい。たとえば、部活の顧問不足はどこの学校でも抱えている問題で、若い先生たちは未経験の競技でも積極的に顧問を買って出ているが、ある年代の先生は逃げまくっているのが現状だという。こうした問題は、直接現場の人に聞かなければ知り得なかった情報で、執筆のうえで大いに役に立った。

先にも述べたが『ダークゾーン』では長崎県に実在する軍艦島を舞台に採用しているが、ここはもともと大いに関心を持っていた島だった。あるとき、作品のなかに登場させるのであれば、ぜひ実際に現場を見なければと、編集者とともに長崎へ取材に出かけた。

そこに広がっていたのは、四〇年以上の長い年月を無人のまま放置された、廃墟の街だった。写真では伝わらない雰囲気と迫力に満ちた、非日常的な世界。実際に目にした風景が、物語のなかでは次のように取り入れられている。

六人は、玄関から学校の中に入った。左手にはモザイクの壁画があり、石造りのような感じがするコンクリートの階段を上って、中を探索する。横に細長い建物で、一つの階に、六つの教室が並んでいるようだ。

六階だけは、中央の四室が一つになって、講堂とおぼしきスペースになっている。

七階から屋上に出ると、隣のさらに巨大な建物の屋上と、架橋でつながっていることがわかった。滑《すべ》り台のようなものが見える。

「鉱員社宅の屋上に設《もう》けられた、島で唯一の幼稚園よ」

理紗が、懐《なつ》かしそうにつぶやいた。


（『ダークゾーン　上』角川文庫／祥伝社文庫）


実際に現地を訪れてみたことで実感したものは非常に大きかった。あたりは瓦礫《がれき》の山。足を滑らせて転ぶことがあれば大怪我をしそうな環境であるし、建物の残骸《ざんがい》もいつ崩落するかわからない。危険を感じながら現場を歩いた経験が、『ダークゾーン』の世界観を支えることになったと思っている。

『新世界より』を執筆した際も、一〇〇〇年後の設定ではあっても実在する地名が登場するから、同様に現地取材を実施している。

たとえば茨城県神栖市《かみす》。いまの時代に現地を歩いてみても、当然、作中の描写とはまったく違う風景がそこにはある。それを見ることにどれほどの意味があるのか疑問に思う人もいるだろう。しかし、その目の前の風景は、「一〇〇〇年後にはどう変わっていくのだろう？」と想像する材料になる。

今から二千年前、霞ケ浦は香取海《かとりのうみ》と呼ばれる巨大な内海で、現在の利根川河口で海とつながっていたようだ。一方、利根川は、今よりずっと西寄りに流れており、東京湾へ注いでいたというのだ。

それが、度重なる利根川の氾濫を防止し、耕作可能な土地を増やすために、徳川家康なる人物の号令で利根川の東遷事業が始まり、数百年をかけて、利根川の河口を犬吠埼《いぬぼうざき》まで導いたのだという。一方、土砂の堆積によって香取海は縮小し、霞ケ浦という淡水の湖に変貌したらしい。(国家的な大事業を開始した徳川家康という人物には興味を惹かれたが、残念なことに、その名前が出てくるのは、地理と歴史の教科書を通じて、この一箇所だけだった)

そして、この千年間で、利根川と霞ケ浦は、さらなる変貌を遂げていた。まず、かつて東京湾に注いでいた川の多くは、進路を変えられて、利根川に合流させられた。言うまでもなく、呪われた不毛の地である東京を潤す必要など、まったくないからだ。そして、水量が増えて、再び暴れ川となった利根川は、治水のための運河で霞ケ浦につなげられたのだという。このため、現在の霞ケ浦は、かつての香取海に匹敵するほど膨張し、少なくとも面積においては、琵琶湖をしのぐ日本最大の湖になっている。

（『新世界より（上）』講談社文庫）

こうした想像の取っ掛かりを得る意味で、これもやはり重要な取材であった。

密室ものの本格ミステリの場合でも、必要に応じて取材を行なうことがある。たとえば『硝子のハンマー』では、高層ビルのガラス拭《ふ》きに用いるゴンドラが登場するが、その詳細や実態に関する情報は、インターネットを駆使してもなかなか見つけることができない。

思案した末、出版社が契約している清掃会社に相談して、実際にゴンドラに乗せてもらうことにした。

腰までしかない柵《さく》で仕切られた小さなゴンドラで、何十階という高層へ運ばれていく体験は、高所恐怖症ぎみの私には、恐ろしいものだった。このゴンドラで揺られながら長時間作業をする清掃作業員の方々の勇気に、あらためて敬服したものだ。そんな内面的なディテールもまた、作品において貴重な血肉となっているのである。

情報は精度が命

インターネットは、上手に使えば非常に大きな武器になる。

いまの時代、最初の一手はやはりインターネット検索だろう。私自身の経験からしても、取材において最も大切なのは、何を調べなければならないのか、その〝焦点〟を先にはっきりさせておくことである。

もちろん、そこでヒットした情報がすべて真実である保証はない。とはいえ、ざっと見ていけば、知りたい事象についてさまざまな角度からの情報があがっていることがわかる。実地取材に出かける場合も、おおよその場所や地形、交通事情を把握しておけば取材がスムーズに運ぶ。

もし目当ての情報にたどりつけなかったとしても、それを得るためにどこへ行けばいいのか、どのような文献にあたればいいのかを調べることができる。『天使の囀《さえず》り』で架空の生物の学名をつけたことがあった。その名を持つ生物が現実に存在していないかどうかを調べるのに難儀した。このときは、インターネット上に生物の学名を網羅したデータベースを発見し、おかげで確認作業を大幅に短縮できた。ネットはそういう意味でじつに便利だ。しかしそれでも、特定の事象について、正確かつ体系的に知識を得ようと思えば、まだまだインターネットは文献資料には及ばない。図書館へ行けば複数の専門書にあたることもできるし、新聞検索も活用できる。ディテールやリアリティの精度を担保するのであれば、インターネット検索だけで済ませずに、自分で動いて調べることが望ましい。こうした手間を惜しむべきではない。

その道の専門家に直接話を聞くのも、端的に必要な情報を獲得する大切な手段である。『雀蜂』の執筆のときには、まずスズメバチの生態を詳しく知る必要があった。ある程度の知識は備えているつもりではいたが、あらためて専門書に目を通してみると、多くの新発見とさまざまな疑問に直面することになった。

たとえば、スズメバチは構造上、眼が頭部の上のほうに付いているため、飛んでいるときに下が見にくいと一般的に言われているが、この情報が本当に正しいのか、どの文献をあたっても裏が取れない。

そこで、知人を介して専門家に直接取材をすることにした。結果、「それは事実です。だからスズメバチから逃げる際は、身を低くするのが有効なんですよ」と明快な回答をいただくことができ、予定通りにストーリーを書き進めることができた。

ささいなことかもしれないが、こうした事実関係を正確に踏まえておくことは、とくにミステリにおいては重要だ。また別の疑問では、季節ごとの日照時間の変化を、雀蜂がどう感知しているのかも気になるポイントだった。仕組みによっては、屋内であってもライトの当て方次第で彼らに季節を勘違いさせることができるからだ。

このときもやはり、専門書をひもとき、専門家の助言を受けながら、プロットのブラッシュアップにつなげていったが、これはトリックに直結する重要な情報だった。事実を正しく知ることで展開は変わり得るし、あるいは新しい発想を呼び込むヒントになることもあるかもしれない。

本書を読んでいる皆さんの多くはプロではなくアマチュアだろうから、専門家に取材を申し込むのは、なかなかハードルの高い作業かもしれない。しかし、できるかぎりの手を打つことも大切で、舞台となる場所を実際に訪ねてみるだけでも、多くの発見が得られるはずだ。

私の場合でいえば、処女作の『十三番目の人格《ペルソナ》　ＩＳＯＬＡ』がそれにあたるが、このときはまず、舞台である兵庫県西宮《にしのみや》市内を自転車で実際に走り、あらためて震災の爪跡を知る努力を重ねた。

これはいまでも変わらないやり方だが、実在の舞台を使うからには、できるだけ現地をつぶさに見て歩くよう心がけている。ストリートビューなどでは決して伝わらない、現場だけの〝空気感〟というのが必ず存在するからだ。それを肌身で知ることは、執筆の際にイメージを膨らませる一助となる。

たとえば、妙に暑くてやたらと汗が出た、などというささいな感覚でも、実際に自分が感じたことは大切にすべきである。それは必ず表現のなかで生きてくるはずだ。

つい何でもインターネットで済ませてしまいがちな昨今だからこそ、現場にしか存在しない、無形の情報が価値を持ってくるのだ。

トリックに著作権はないが……

事前の情報収集という点では、本格ミステリを書く場合は、思いついたトリックに前例がないかどうかは、できるだけ調べておきたいところだ。

トリックに著作権は存在しないが、明らかな類例があるトリックをメインとした作品は、意図的ではなかったとしても「剽窃《ひょうせつ》」と言われても仕方がない。それが自信のあるトリックであるなら、なおさら先行作品との重複は避けたい。

しかし、これまでに発表されたすべてのトリックを網羅することは、まず不可能である。完璧なデータベースが存在しているならともかく、古今東西あらゆるトリックを把握することは誰にもできない。私も防犯探偵・榎本シリーズで用いる密室トリックに類例がないか、当初はかなり気を遣って調べており、ときにはミステリ研究家に相談したりもしていたが、それでもやはり限界がある。

ミステリの世界ではよく、「トリックはすでに出尽くしている」と言われる。つまり、それだけ膨大なパターンのトリックが生み出されてきたということだ。容易に網羅できるわけがない。

それでもミステリ作家を志すからには、一定数以上の作品に目を通し、類例を把握しておく必要はある。最終的には書き手のモラルによらざるを得ないのが現実だ。

だが、必ずしもトリックの重複が悪いということではない。たとえば、自分が斬新だと思って用いたトリックに対し、「じつは一九世紀のこの作品で使われていました」という指摘があったところで、作品の価値がゼロになることはないだろう。仮に有名な作品と同じトリックを使っていたとしても、主題やストーリーテリングによってがらりと違う作品に仕上げられていれば、それは評価されるべきである。

集めた情報の使い方

取材はそれまで知り得なかったさまざまな情報を得るために、きわめて有効な手段だ。しかし、ここで気をつけなければならないのが、獲得した情報の使い方である。

取材を綿密に行なうほど、多くの情報が得られる。せっかく手に入れた情報であれば、できるだけ作品に生かしたいと考えるのが人情だろう。だが、たいていの場合、そうした貪欲《どんよく》さは仇《あだ》となる。持てる情報をどんどん使って肉付けしようとすると、ストーリーが薄まって、冗長になってしまいがちなのだ。

情報小説と呼ばれる分野でも、ファクトの部分を厚めにしようと意識するあまり、参考書のような記述になっている作品をよく目にする。それでは本末転倒である。目指すものはルポルタージュでもノンフィクションでもなく、あくまでエンタテインメントであることを忘れてはいけない。

もし、ある特定の事象について一〇〇の情報が手に入ったとしても、一〇か、せいぜい二〇が使えれば儲《もう》けものと考えるべきだろう。

〝知っていることを書く〟のではなく、〝知っているから書くことができる〟こともある。知り得たことをすべて文章として表現しなくても、知識や情報は行間からにじみ出るものなのだ。

取材はディテールを深めていくために有効な手段だが、知ったことをすべて使おうとしないのが鉄則。もっとも、そのさじ加減は、経験則によって身についていくものだから、最初から最適なバランスがつかめるものではない。

まずは、自分の思うままに書き進め、あとから読み手の視点に立って余分な部分を削っていく。このあたりはまた第五章で説明するが、情報の適度な取捨選択というのは、数をこなし、失敗をしながら学んでいくしかない。

第三章　キャラクター

登場人物の命名には気をつけろ

プロットを煮詰めていく過程では、さまざまな問題に突き当たるだろう。ときには筆が止まってしまう〝生みの苦しみ〟に直面することもある。

しかし、それでも頑張って頭を悩ませつづけていると、何かの拍子に一気にイメージが広がる瞬間が訪れる。私の場合、キャラクターにぴったりとした名前がつけられたとき、そうなることが多い。

それまでは単なる〝登場人物A〟にすぎなかったキャラクターが、名前を持った途端に姿や性格が具体化し、新しいイメージをまとうようになる。そうなると、ストーリーの流れも次第に整い始め、再び構想が膨らみ始める。

ささいなことと思われがちだが、キャラクターの名前は意外と重要だ。名前の決め方は趣味によるところが大きいので、何が正解ということはない。ただ、やはり主人公に関しては、現実離れしない程度に〝華〟のある名前をつけたいところだ。

作家を目指す人であれば、いつか使ってみたい苗字《みょうじ》、気に入っている名前などのストックが漠然と頭のなかにあるのではないだろうか。私の場合も同様で、まずはストーリーに合わせて、それらを適当に組み合わせてみることから始めることが多い。

基本的には自分が使いたい名前、覚えやすくて魅力を感じる名前を優先的に採用すればいいが、難しすぎる漢字を使ったり、読み方の見当がつかないような字面は避けたほうが無難だろう。

たとえば「文子」という名の女性キャラクターが登場する場合。これを「あやこ」と読ませるのか、それとも「ふみこ」と読ませるのかは作者次第だ。正確な呼び方が曖昧《あいまい》なままでは読み手も感情移入しにくいため、最初の登場時にふりがなを振るなどの措置を講じるわけだが、それでもこうした名前はなるべく避けたほうが無難と言える。

ただ、演出やストーリー展開の都合など、何らかの事情によって特殊な名前を用いることもあるだろう。たとえば防犯探偵・榎本《えのもと》シリーズの作品に、飛鳥寺鳳也（あすかでら・ほうや）なる人物が登場しているが、これは海外の著名ボクサー、オスカー・デ・ラ・ホーヤを漢字に置き換えたものだ。

もし、「文子」という名を用いることに必然性がある場合は、母親に「あやちゃん」と呼ばせるシーンをあえて設定するなど、少しでも読者に理解しやすい演出を心がけるべきだ。

私の場合、主要キャラクターの名前が決まったら、それを姓名判断にかけてみることもある。ときには、画数が悪いことを理由に主人公の名前を変更することもあるし、逆に非業の死を遂げるような脇役は、あえて悪い画数の名前を探すこともある。

このあたりは読者には直接関係のない部分であり、名前ひとつに長い時間を費やすのは不毛と思われるかもしれない。しかし、自分のなかで納得できるまで考えることで、作者自身がキャラクターに感情移入しやすくなるメリットもある。少なくとも、自分が気に入らない名前であったり、違和感を覚える名前の主人公では、筆も乗らないものだ。


ともあれ、そうして主要キャラクターの名前がある程度そろったら、プロットと一緒に簡単な登場人物の一覧表を作ってみることをすすめたい。

たとえば学校を舞台にした『悪の教典』では、私は執筆前にクラス名簿のようなものを作った。すべてのキャラクターに見せ場があるわけではなくても、これはじつは重要な作業だ。というのも、単純に思いつくまま名前を決めていくと、「あ行」や「か行」など、五十音順の前半にばかり苗字が偏っているようなことが起こるからである。これは表組みにしてみて初めて気づいたことであった。

また、「高田」「山田」「有田」「下田」などと、妙に「田」のつく姓に偏っていたりすることも、できるだけ解消しておきたい。こちらは不自然というよりも、読み手に混同させる可能性があるため。たとえばジェイムズ・エルロイの代表作のひとつ、『ブラック・ダリア』という作品には、ブライカートとブランチャードというキャラクターが登場するが、これは狙いがあるとはいえ、読んでいて紛らわしすぎると感じた。

キャラクターの「声」をイメージする

人間一人ひとりに個性があるように、作品の中のキャラクターもそれぞれいろんな人格を備えている。では、キャラクターはプロットの段階で、どこまで細かく作り込んでおくべきか。

ちょっとした端役であれば、役割だけ決めてあとは成り行きに任せるのでも構わない。だが、主要人物はそうもいかない。その姿をしっかりイメージできるよう、あらかじめデイテールを固めておくべきだ。

性別や年齢、職業、容姿の特徴、性格……など、ひとりのキャラクターを形成する要素は多々ある。

こうした要素のなかで私がひとつの重要な基準にしているのが「声」である。

人は目を見ればある程度感情を読み取ることができるが、同様に、声や口調からわかることもたくさんある、というのが私の持論である。声を聞けば、その人の教養の度合いをイメージできるし、言葉の選び方によって性格や生き様までイメージを膨らませることが可能だと思う。

小説のなかで、主人公は独白をする。これは、カギカッコで括《くく》られないモノローグの部分のことで、主人公自身の声による〝語り〟だ。その際の声質のイメージがしっかり固まっていれば、自《おの》ずと物語の雰囲気も固まってくる。

活字化しにくい部分だからこそ、書き手の頭のなかでイメージしておくことが大切だ。極論かもしれないが、発する「声」が具体的にイメージできるようになれば、そのキャラクターはほぼ仕上がったと考えてもいいだろう。

「引き算」の手法で設計された蓮実聖司

作家はよく、「キャラクターが勝手に動く」という表現を用いる。たしかに私自身の経験をふり返っても、キャラクターが展開に意見をしたり、反抗したりすることがしばしば起こる。

これはそれだけキャラクターの人格を煮詰められている証《あか》しでもあり、作者がその後始末に追われるようになれば、そのキャラクター造型は成功と言っていい。

主人公やそれに準ずる主要キャラクターは、ときに作者の意図に反した行動をとるくらいが理想的なのだ。

では、最も重要な主人公は、いかに設計し、どのようにキャラクターを煮詰めていくべきか。ここで重視すべきは、感情移入しやすい人物像をイメージすることだ。

主人公の目線は読者の目線を担うことが多く、多くの読者は自身を主人公の立場に置き換えながら物語のなかに入っていく。

つまり主人公とは、読み手がごく自然にその心中を想像できる人物でなければならないのだ。その意味では、あまりにエキセントリックな性格の持ち主であるよりも、普通の感覚を持った、誰の身近にもいそうな人物である方が望ましいだろう。

ただし、これにも例外はある。『悪の教典』の主人公である蓮実《はすみ》聖司《せいじ》などは、物語の特性上、「共感能力」が欠落した人間である必然性があった。

この蓮実というキャラクターは、私がこれまで描いてきた登場人物のなかでもきわめて異色である。

彼はいわゆるサイコパスに近づけようとして描いた人物ではなく、普通の人間から〝引き算〟をするかたちで造形している。それも、世間から優秀と目される人間をまずイメージし、そこから「共感能力」だけを取り除いたらどんな人物ができ上がるのか、というのが発想の原点だった。

実際、作中の蓮実はなんでもこなすスーパーマン的な教師で、非常に女性ウケのいい人間でもある。それが隠れ蓑《みの》となり、周囲の人々の多くはなかなか彼の異常性に気づくことができない。

なお、キャラクターづくりで気をつけたいのは、作者にとって都合のいい人物を作ろうとするあまり、キャラクターが自分の分身ばかりになってしまうことだ。その結果、主要キャラクターの印象がどれも似通ってしまい、読者が混乱することになる。

そうならないよう、日頃から身のまわりにいる人間をよく観察し、人間の個性について、さまざまなバリエーションをストックしておくことが大切だ。

キャラクターの弱点は魅力となる

主人公にどこまで感情移入できるか、というのはエンタテインメントにとって非常に重要なポイントである。たとえば、平井和正《ひらいかずまさ》さんの「ウルフガイ」シリーズは、ハードボイルド的な筆致のなかに、〝ぼやき芸〟とも言うべき独特の要素を取り入れ、読み手の感情移入を促している作品だろう。

このシリーズの主人公は犬神明《いぬがみあきら》という探偵。彼は満月が近づくと不死の力を発揮する人狼《じんろう》で、その能力のおかげで各国の諜報《ちようほう》機関から命を狙われることになる。つまりは襲い来る敵を圧倒的な力をもって退けるヒーローなのだが、犬神明は超人的な力を持った存在でありながら、独り語りの部分で体調不良に喘いだり、倦怠感《けんたい》を訴えたりする。人はギャップに弱いと言われるが、完全無欠に見えたキャラクターが、ふとした瞬間にだらしのない一面を見せたりすると、途端に人間臭く、愛すべき存在のように思えたりするものだ。

これまでに世に送り出された名探偵もの、名刑事ものを思い返してみてほしい。たいていのシリーズでは、主人公に何らかの明確な弱点が設定されていることがわかるはずだ。ヒーローは完全無欠の存在である必要はない。むしろ弱点があることで、読者にとっては受け入れやすくなる。あのシャーロック・ホームズですら、コカイン中毒であるという大きな欠点を抱えているのだ。

書き手としても、感情移入を拒むタイプの主人公は書きにくいし、なにより書いていて楽しくないだろう。新人賞の応募作品などを読んでいても、主人公にいまひとつ魅力が感じられない場合、こうした設計上の問題があることが少なくない。自作について「キャラに魅力がない」と評されてしまいがちなのであれば、あらためて主人公の人物像を練り直してみることだ。

主人公は作中でどう呼ばれるべきか？

物語は主人公の視点で進行するのがセオリー。そこで、「俺は〇〇した」と主人公の一人称でつづるのか、それとも「蓮実は〇〇した」と三人称でつづるのか、視点の所在によって書き方は変わる。

視点についての詳細は後の章に譲るが、慣れないうちは三人称で書くことを私はすすめたい（その理由も後の章で詳述する）。その場合、地の文で主人公をどう呼ぶべきか、という問題が発生する。

たとえば『黒い家』では若槻慎二が主人公なので、「若槻は〇〇した」と書いている。一方、櫛森秀一という少年を主人公に据えた『青の炎』では、「秀一は〇〇した」という書き方をした。

なぜ、『黒い家』では「慎二」ではなく「若槻」とし、『青の炎』では「櫛森」ではなく「秀一」という名前を使ったのか？

ひとつには、呼び名は主人公の性別や年齢によって決まる部分が大きい。たとえば女子高生が主人公なら、姓を用いるのは違和感があるはずだ。また、若い世代は下の名前を用いたほうが、読み手も共感しやすいだろう。『青の炎』で「秀一」としているのは読者に友人の一人のように感じてもらうためだ。

一方、『黒い家』の場合は、若槻が社会人でもあり、姓に統一している。よほど親しい友人であれば、彼を下の名前で呼ぶこともあるだろうが、基本的に会社の内での呼称は「若槻」であるはず。そのため、もし地の文で「慎二」と呼んでしまうと、ふたつの呼び方が混在し、読者は混乱を来してしまう。

もちろん、主人公を下の名前で呼ぶ企業小説も存在するし、それが効果的であるケースがあるだろう。問題は、作者がそれをどこまで自覚しているか、である。読者に主人公をどう呼ばせたいか、というのは、どうイメージさせたいかを考えることと同じなのだ。

「悪役」だから許されること

現実社会が善人ばかりで成り立っていないように、エンタテインメントの登場人物も善人ばかりということはまずあり得ない。私は悪人を描くのが嫌いではない。ある意味では主人公より重要なのが、「悪役」の存在だ。すべての物語に悪役が必要なわけではないが、インパクトのある悪役を作ることができれば、それだけで物語は一段レベルアップする。

これは自分が作家になってから気づいたことだが、悪役というのはじつは、描いていて非常に楽しい存在である。なにしろ悪者なのだから、他のキャラクターにはやらせられないタブーな行動をとらせることができるし、どれだけ無茶なことをやらせても許される一面がある。

トマス・ハリスが『羊たちの沈黙』などで登場させているレクター博士は、主人公が行なったら途端に読者が離れてしまいそうな悪事を、次々にしでかす。それでも読者を惹《ひ》きつけてやまないのは、ひとえに彼が悪役というポジションにあるからだ。

ただし、これは簡単なことではない。ハリスのキャラクター設計には、綿密な計算が見て取れる。

ハリスの凄《すご》いところは、それまでもジャンルとして認知されていたサイコホラーにおいて、犯人の心のなかにまで分け入り、なぜそのような罪に手を染めるのかを炙《あぶ》りだした点にあると私は考えている。おそらく、この領域に果敢に踏み込んだ初めての作家だろう。

シリアルキラーをモチーフとしながら、その人間性の部分を複数の角度から描き出しているのがこの作品の大きな特徴で、犯人が時折見せる人間味が、〝この人物にも何らかの事情があるのだな〟とか、〝その事情によってこうした状況に追いやられてしまった、被害者でもあるのだな〟などと、想像の幅を広げさせる。

シリアルキラーとは本来、読み手にとって感情移入しにくい存在である。しかし、そうした描写をまじえることで、一定の納得感をあたえてくれる。少なくともこの作品を読んで、シリアルキラーを理解不能な存在と思うことはない。

結果としてトマス・ハリスは、サイコキラーが極上のエンタテインメントになり得ることを、見事に示してくれた。私が『悪の教典』を書く際にも、大いにインスピレーションを得た作品だ。

『黒い家』に登場した菰田《こもだ》幸子《さちこ》というキャラクターも、悪役としてわかりやすい存在かもしれない。

彼女がそれまでの悪役キャラと一線を画しているのは、単純に〝おばさん〟であることが大きいだろう。おばさんなのに恐ろしい。そんなギャップを狙って設定したキャラクターと言っても過言ではない。現実の社会には危険なおばさんはたくさんいるのだが、小説の世界ではおばさんという存在は圧倒的に善人が多い。

しかし、主人公は成人男性だから、肉体的なアドバンテージを踏まえれば、本来それほど恐れる必要のない存在だと思う人もいるだろう。だが、それはあくまでこちらが先制攻撃で相手を殺してもいい場合の話である。立場的にも倫理的にも受け身にならざるを得ない状況を作ったからこそ、彼女は悪役として成立したわけだ。


また、悪役とは少し異なるが、いわゆる〝奇人変人〟というのも、エンタテインメントと相性のいい存在だ。おかしな人物を上手に造型すれば、ストーリーにアクセントをつけやすく、読者に大きなインパクトをあたえることができる。本格ミステリによく登場する、妙に浮世離れした探偵などはその好例だ。

しかし、インパクトを重視したいからといって、常識からかけ離れた奇人変人ばかりが登場する作品は考えものだ。変人キャラが生きるのは、あくまで多くの常識人に囲まれているからである。周囲の常識人がその人物の奇行に対して呆《あき》れてみせたり、辟易《へきえき》したりするからこそ、読み手の共感を呼び込むことができるのだ。

男性が女性を描くことの難しさ

リアリティのある、生きたキャラクターを作り出すためには、身近な友人知人などからモデルを探してみることがやはり有効だろう。

たとえば団塊の世代の男性を描く場合、独特の理屈っぽさを表現したいところだが、あまりやりすぎると不自然になってしまう。できれば職場の上司などから適当なモデルを見つけ、「あの人なら、こんなふうに言いそうだ」と現実的な基準を設定すれば、自然なセリフまわしが表現できるのではないだろうか。

とはいえ、私もすべてのキャラクターにモデルを設定しているわけではない。登場頻度の低い脇役などは、必要な役割だけを演じさせる程度だ。

あまりモデル設定に頼りすぎると、適当なモデルが周囲に見当たらなかったとき、困ってしまうことになる。もともと人付き合いの手薄な書き手なら、みんな画一的なキャラクターに陥ってしまうリスクもあるだろう。

私自身もさんざん頭を悩ませてきたことだが、男性にとって女性のキャラクターを描くのは、非常に難しい作業だ。日頃、女性との接点が少ない人であれば、なおさらイメージのなかにある女性像は現実と乖離《かいり》し、結果として女性読者に違和感をあたえてしまう。

映画やドラマに登場する女優をモデルに設定するのも一案ではあるが、これもベストな方法とは言い難い。その姿を男性視点から咀嚼《そしゃく》している以上、やはり男の幻想のようなものが投影されるのは避けられないからだ。また、それが男性の脚本家が書いたものであれば、そもそも女優が演じている役柄自体、女性視聴者から共感を得ているとはかぎらないのである。


こうしたディテールのわからない存在を描くとき、人はどうしても頭のなかにある類型に寄せた描写をしてしまう傾向がある。

たとえば男性が女性キャラクターを描く際、言葉遣いひとつをとっても、「……だわ」とか「……よ」といった口調を使用してしまいがちだ。しかし、当節、こういう言葉遣いに終始する女性はまずいない。それでは〝若い女性と接点のないおじさんが描いた女性〟という印象をあたえてしまう。

あるいは、老人男性を描く際に「わしは○○じゃ」といった話し方をさせてしまうのは、やはりおかしい。現実にはそんな話し方をする老人は存在しないのだから、むしろ口調そのものは普通の話し言葉だが、言葉のチョイスで時代を感じさせる工夫をしたほうが、自然な印象をあたえられるのだ。

では、高校生ならどうか。そのときそのときの流行《はや》り言葉を多用すると、わずか数年後には妙に古くさく感じられてしまう。無理に流行を取り込もうとするよりも、二〇年後にも通用するであろう、無難な言葉遣いにとどめたほうが違和感なく読める。

頑《かたく》なに流行を避ける必要はないが、むしろ時代におもねらないことが、自然なキャラクターを生み出すひとつの秘訣なのだ。

名作に見るキャラクター設計の妙

キャラクター設定の点で、忘れられない作品がある。筒井《つつい》康隆《やすたか》さんの『虚航船団』だ。筒井康隆さんは日本のエンタテインメント界において、あまりにも偉大な巨人である。その独特の作風を踏襲しようと試みた書き手がこれまでに数多く登場したが、成功している人は皆無と言っていいだろう。

これまでに影響を受けた筒井作品は数多くあるが、ここで挙げた『虚航船団』は、まるで〝筆力があれば何をやっても許される〟ということを体現したかのような作品である。

簡単に説明すると、第一章に登場するキャラクターは全員、文房具なのだ。コンパスや糊《のり》が人格を持っており、たとえば定規は杓子《しゃくし》定規な性格づけがされているなど、筒井康隆さんらしく絶妙に（?）擬人化されているのが特徴だ。そんな彼らが戦う相手は、イタチ科の食肉獣―クズリやラーテルである。いったい誰にこんな設定が考えられるだろうか。

キャラクター設計としてはあまりにエキセントリックな例だが、こんな荒唐無稽《こうとうむけい》な世界を生き生きと描き出し、架空の設定である鼬族の歴史を、延々と楽しく読ませてしまう。筒井康隆さんの異能ぶりをまざまざと見せつける一作と言える。

もうひとつ、チャールズ・ディケンズの『デイヴィッド・コパフィールド』も、キャラクターづくりに注目したい作品だ。こちらはひとりの少年の生い立ちと成長を描いた物語で、ディケンズの自伝的小説とも言われている。

もともと孤児であったコパフィールドは、成長の過程でさまざまな経験と出会いを得て、大きく育っていくことになる。次々に登場するキャラクターには、善人も悪人も入り交じっているが、誰もが魅力たっぷりに躍動しているのがじつに印象的である。作家志望者にとっては、キャラクター造形や人物描写の参考にすべき点が多い。

じつは、私自身もキャラクターづくりにおいて、この作品から大きな影響を受けている。ここに登場するユーライア・ヒープという人物は、自分をとことん卑下するタイプの悪人で、「私のような者は……」などと常に低姿勢だが、実は冷酷で傲慢な裏の顔を持っている。ヒープは、『新世界より』で描いたスクィーラのモデルにもなっている。

非日常的な要素を含んだ物語ではないが、ときにスカッと痛快な気分にさせ、ときにほろりと感動させてくれる、王道を押さえたストーリー展開で人気を博し、一九世紀に新聞連載として発表された当時は、物語のつづきを楽しみにしていた多くの人々が、新聞を運搬してくる船をテムズ川の船着場で、大挙して待ち構えたとのエピソードが残されている。

〝ワトソン役〟のルール

ミステリにおけるキャラクター配置には、〝ワトソン役〟という定番のポジションがある。これは言うまでもなく、シャーロック・ホームズの相棒としてお馴染《なじ》みの、あのワトソン博士のことだ。

『硝子《ガラス》のハンマー』に始まる防犯探偵・榎本シリーズでいえば、純子というヒロインがこれに相当し、物語のなかでは榎本の傍らでワトソン役を担っている。これは物語をテンポよくまわすため、そして読者の共感を得るために、非常に重要な役どころだ。

このワトソン役を設定する際にも、いくつかのルールが存在する。

まず、知識レベルが読者と同レベルであり、目線がやはり読者と同じレベルにあり、探偵役に対して素朴な、ときに愚にもつかない質問をする。いわば、作中における読者の代理人としての役割を果たすのだ。

もしも、ワトソンがホームズと同じくらいのキレ者で、負けず劣らずの名推理を披露するなら、ふたりの推理や会話はどんどん先走っていき、読者は置いていかれてしまう。それではエンタテインメントとして成立しない。

探偵役は個性的な人物が多いから、それとは対照的にワトソン役は、ごく普通の常識人であるべきだ。読者との橋渡し役として機能させるためには、探偵のおかしな言動に対し、読者に代わってツッコミを入れたり、読者と同じ目線で戸惑ったりしなくてはならないのだ。

ちなみに防犯探偵・榎本シリーズは、多重解決がお決まりのパターンとなっている。つまりひとつの密室事件に対して、さまざまな解決を提起しては否定されることの繰り返しである。このときワトソン役である純子は、真相以外の主要な別解を提示するという、重要な役割を担っている。

弁護士という職業を踏まえれば、純子はもっと聡明《そうめい》な人間であった方がリアルなのかもしれない。しかし、間違った推理をドヤ顔で披露する役目をあたえているため、自ずと「ちょっと天然ボケの女性」というディテールが定着してしまった事情がある。

第一作の『硝子のハンマー』の時点ではもう少しヒロイン然としたキャラクターだったのだが、連作短編のかたちで回を重ねていくうちに、コメディエンヌ寄りのキャラクターに変化しつつある。純子には申し訳ない話だが、彼女のおかげで榎本の名探偵ぶりがきわ立つのだから、感謝しなければならない。

第四章　文章作法

自分の筆の〝癖〟を知ること

小説における文章力とは、単に正確な日本語が使えればいいというのではなく、その人ならではの表現力が求められるものだ。どれほど優れた構想力やストーリーがあっても、それを正しく個性豊かに伝える文章力がなければ読み手を満足させることはできない。

では、小説作法としての文章力は、どのようにしたら鍛えられるのだろうか？

カルチャースクールの小説講座に通うなど、何か特別な文章修業でもしないかぎり、文章力を磨く場はなかなかない。

昔からよく言われる鍛錬法のひとつに、優れた作品を模写する、書き写してその文体の特徴を学ぶというやり方がある。たしかにそれで身につくこともあるのかもしれないが、正直なところ効果のほどは疑問だ。かりにそれで、文体のエッセンスを修得できたとしても、文豪のコピー作家になることに意味があるのだろうか。

我が身をふり返って考えてみると、文章力向上に最も効果があったと思えるのは、自分が書いた文章を何度も推敲《すいこう》することだ。文章を書いたあと、一定の時間をおいてから読み返すと、執筆中には気がつかなかったさまざまなアラが見つかるものである。

誤字や脱字はないか。手書きの原稿だったころには決して起こらなかったが、パソコンでは同音異義語の漢字の誤変換がしばしば起こる。意味がまったく通じなければ誤変換だとわかるが、場合によっては微妙に違う意味になって通じてしまうこともある。

あるいは、内容がすんなり頭に入ってくるかどうか、リズムが悪かったり、読みにくい部分はないか。

そうしたことを念頭に置いてチェックを繰り返しているうちに、〝読みやすい文章〟とはどのようなものかが、少しずつつかめてくるはずだ。

一文一文が長くなると、どうしても理解しにくくなるものである。その場合は文章を分割してみると、途端に読みやすくなることが珍しくない。

そういった作業を繰り返していくうちに、自分が無自覚にやりがちな癖というのもわかってくるだろう。私はどうやら、不必要に込み入った比喩《ひゆ》を使う傾向があるようで、頭を冷やして読み返してみると、結局言いたいことが伝わっていないことが多々ある。

また、何か専門的な事柄について説明しようとすると、文章が硬くなりがちである。読みやすくするために、漢字を開いて平仮名表記を増やしたりもするが、それによってかえって読みにくくなってしまうこともしばしばだ。

しかし、ここで大切なのは、そうした試行錯誤を自分なりに繰り返してみることだ。自分自身の悪癖や弱点を認識し、それらを解消することが文章力を磨く最も効果的な方法なのだ。

〝一行目〟をどう書き始めるべきか

どれほどアイデアに自信があり、隙のないプロットができ上がっても、いざ書き始める段階で、一行目の書きだしに迷いが生じることがある。これから何百枚にも及ぶ壮大なストーリーをスタートさせると思うと、容易に書きだせなくなってしまうのだ。

私も一行目の書きだしに苦労した経験があるが、結局のところ、スムーズに書き出せるかどうかは、〝自分自身がどれだけその世界に入り込めているか〟にかかっているのだ。

たとえば『十三番目の人格《ペルソナ》 ＩＳＯＬＡ』のときは、比較的すんなりと一行目を書きだせた。舞台となった阪神・淡路大震災の被災地を歩いたときの記憶が、鮮明に残っていたからだ。瓦礫《がれき》の山と化した街の風景だけでなく、ゴツゴツとした靴の裏の感触を生々しく覚えていたために、震災直後の現実に実感をともなって没入することができたのだ。

実際の冒頭部分をここで抜粋してみよう。

靴底に触れる路面までが、非日常の感触を伝えていた。

足下には、ところどころに亀裂が走り、大きく隆起したり陥没したりしている。見渡すと、アスファルトの道路全体が、大波のようにうねっていた。由香里は分厚いビブラム底のトレッキング・ブーツを履いてきたのだが、何の脈絡もない傾斜には、しばしば足を取られそうになった。

（『十三番目の人格《ペルソナ》　ＩＳＯＬＡ』角川ホラー文庫）

実際に経験して得た情報を生かすことで、一行目の書きだしにスムーズに入り込むことができたのを覚えている。

書きだしが決まらずスタートが切れない状態であるなら、それはまだまだその世界のイメージをものにしきれていないということである。その場合は、ひたすら設定や展開、キャラクターについて再考し、もう一度、世界観をじっくり練り上げる必要がある。

しかしながら、冒頭の一行目で読者の気を引こうと気負いすぎることは、マイナスにしかならない。エンタテインメントの場合、余計な描写は極力挟まず、いきなり本題から入るのがセオリーなのだから。

私の作品からもうひとつ紹介しよう。いきなりバトルシーンから始まっている『ダークゾーン』だ。これもスムーズに書き始めることができた例である。

物語では、目を覚ました主人公が異形の世界に放り込まれ、まったく事態をつかめないまま戦闘が幕を開ける。そこがどこなのか、何が起ころうとしているのかわからないのは読者も同様であり、ともに手探りで、この世界の謎を解いていくという構成になっている。

冒頭部分を抜粋してみよう。


暗い部屋の中に、男女とり混ぜて十八人——あるいは十八体の影が佇《たたず》んでいた。

新月の夜なのか、窓の外に見えるのは混沌《こんとん》とした無明《むみょう》の闇である。幽《かす》かな星明かりさえ射《さ》し込んでこないが、全員が炎のような真紅のオーラに包まれており、サイズも形状もまちまちなシルエットが、ぼんやりと浮き上がっていた。

掌《てのひら》を目の前にかざしてみた。オーラは心臓の鼓動に同調しているらしく、太陽の火焔《フレア》のように脈動しながら、燃え上がっている。

俺は、いつから、ここにいるのだろう。

なぜ、ここにいるのか。

ここは、どこなんだろう。

わからない。記憶に靄《もや》がかかったように、何も思い出すことができなかった。

ただ一つの声だけが、記憶の奥底から湧き上がってくる。

戦え。戦い続けろ。


（『ダークゾーン　上』角川文庫／祥伝社文庫）


このようにストレートに本題から入ることで、冒頭のフレーズに凝る必要がなくなり、自然にストーリーが展開されていった。

物語の全体像がつかめているのに、それでも筆が動かないこともある。その場合は、逆に前置き的な文章から始めてみるのもいいかもしれない。

主人公の素性の説明、舞台となる場所の描写、なんでも構わない。当たり前のことを当たり前のように書きだしてみて、とにかく物語の幕を開ける。

そして、推敲の際にそれがやっぱり蛇足と感じるなら、ばっさり削ってしまえばいい。執筆において一番無駄な時間は、あれこれ悩むだけで一文字も書けない状態である。それなら、〝助走〟と割りきって書き始めてしまうべきなのだ。

ちなみに、一行目がセリフから始まる作品も少なくないが、作家として一定の力をつけるまでは、これは推奨できない。まだ素性のわからない人物のセリフというのは、読者の頭のなかで疑念を持って受け取られる。その結果、物語の世界に入りにくくなってしまうかもしれない。

また、自分の好きな作家、好きな作品の一行目を片っ端からチェックして、バリエーションを研究してみるのもいい。文章全体の模写より、役に立つかもしれない。

エンタテインメントは読みやすさが命

文章における「読みやすさ」とは何だろう。もちろん、読み手によっても微妙に違うだろうが、エンタテインメントは、万人がストレスなく読み進められるものでなくてはならないと私は考えている。

読者の立場で考えてみると、快適に読み進められない文章にはいくつかのパターンがあるように感じる。

たとえば、難しい熟語や漢字が頻出する。説明がまわりくどい。一文一文が意味もなく長い。そうした文章は、たびたび読者を立ち止まらせることになり、結果として物語に入り込むことを阻害する。

難しい表現を平易に言い表すためには、豊富な語彙《ごい》が必要だ。語彙の多い人というのは、ついつい難しい言葉を使いたくなるものだが、小説を書くうえではむしろ、語彙は回りくどい説明を単純化するために活用するべきなのだ。そのためには、類語辞典を引くのも方法のひとつである。

語彙を増やすためには、たくさん本を読むことが一番のトレーニングだろう。好みの文章を書く作家の作品を、できるだけ多く読むことをおすすめしたい。

仮に国語辞典を丸暗記したとしても、労力に見合った成果が得られるかどうかは、はなはだ疑問である。それよりも、言葉が生きて呼吸しているさまざまな傑作にふれながら、感銘を受けた表現を頭にインプットするほうが、応用が利きやすいはずだ。

たとえ思うような文章が書けなくても、自分には致命的に文章力が不足しているのではないかと、悲観する必要はない。それはおそらく、〝作家らしく凝った表現を使ってやろう〟という気負いが空回りしているにすぎないからだ。

漢字の乱用に注意せよ

漢字は日本語にとって大きな武器である。使い方次第で読み手の印象をコントロールできる優れたツールだが、じつはこれは諸刃《もろは》の剣《つるぎ》でもある。

とくに現在は、ほとんどの人がパソコンで原稿を書いていることもあり、手書きでは決して使わない難解な漢字を用いることができる。新人賞の応募作品を見ていると、漢字を多用することが高尚な文章であると誤解している原稿に出会うことも珍しくない。

私自身は、あまり重要ではない言葉については、なるべく平仮名を使うように配慮している。

たとえば「〇〇したとき」という表現。これを「〇〇した時」と書く人も多いが、私はなるべく平仮名を使うよう心がけている。これはあくまで流れのなかの一部であるから、あえて「時」という漢字を用いなくてもスムーズに通じると考えられるためだ。

生命保険会社に勤めていたころ、取引先から送られてくるビジネスレターで、「さて」を「扨」と漢字にする文章を見かけた。言うまでもなく、「さて」にさほどの重要性はないわけだから、ここで読む側の視線をストップさせてしまうことはデメリットでしかない。

より多くの人に自分の書いたものを読んでほしいと考えている人は、必要以上に漢字を使わない傾向があると思う。漢字の含有率が低いと、文章が軽く見えてしまうと懸念する人もいるようだが、やたら漢字を使いすぎて読む人に過度のストレスを感じさせるような文章よりずっといい。

もっとも、カギカッコで括《くく》られたセリフ部分については例外だ。セリフのなかは〝やりたい放題〟でいい、というのが私の考えである。

どれだけ難解な漢字を多用しても、全文を平仮名やカタカナにしても、設定優先で好き勝手に演出しても問題はない（たとえばマンガに登場する宇宙人が、カタカナだけで話すケースが好例だ）。

対照的に、地の文ではルールを厳密に守るべきだろう。皆さんが読まれている作家の誰もが、作品にかぎらず地の文はその作家ならではの統一ルールに則《のっと》っているはずだ。そこに一定の基準が維持されることによって、文章全体に統一感、安定感が生まれる。それが〝読みやすさ〟の一助となるのだから。

改行の適切なタイミングは？

さまざまな作品に目を通していると、作家によって改行の頻度やタイミングが異なることに気づくだろう。ページを開いたときに、ひとつの段落が長いと活字がびっしり詰まっていて版面が黒っぽく見え、ちょっと重たく感じられる。逆に改行が多すぎると、版面は白っぽく見え、スカスカした印象をあたえる。

では、適切な改行のタイミングとは、どのようなものか。これには明確なルールは存在しない。あくまでも〝読みやすさ〟を最優先に判断すべきだ。

特別な事情を説明する必要があったり、緊張感を持たせてひと息に読ませたい箇所では、一段落が長くなりがちだ。しかし、改行の少ないページは読み手に息苦しさや圧迫感をあたえてしまう。そんな場合はたとえば、登場人物同士の会話をさりげなくあいだに挟むなどの工夫をして、できるだけ段落を分割する方法を探すことをおすすめしたい。

一昔前の世代に較べて昨今の若い世代は、みっしりと文字の詰まった状態への抵抗感が強い。うっとおしいので読み飛ばされてしまうこともあるかもしれない。適度な改行のもたらす効果は大きい。

時代小説を読んでいると、他のジャンルよりも改行の多い作品が目につくが、ここから学べる点もある。たとえばその瞬間の天候や状況を端的に表すために、「雨。」とひとことだけで改行したり、そのシーンで主人公が感じた戦慄《せんりつ》を「ぞくり。」とひとことで表現したりする手法がある。その場の状況や雰囲気を言葉を尽くして説明するより、むしろ一語で表現することで、その場の空気感や緊張感を端的に伝えられることもあるのだ。

作家の文章力、表現力というものは、そういうところにも表れる。

改行のタイミングもまた、好きな作家の文章をたくさん読むなかで、皮膚感覚で身につけていくことができる。その作家の持つリズム、息遣いが心地よいと感じたら、書き写さなくてもいいから、それに倣ってみる。すると、次第に自分の間がつかめるようになってくると思う。

基本は三人称一視点

小説には必ず書き手の「視点」が存在する。それが登場人物の視点で描写される物語なのか、あるいは登場人物の誰でもない〝第三者〟の視点で綴《つづ》られる物語なのか。この書き手の視点が揺れると、読みにくくわかりにくくなる。注意すべきルールのひとつだ。第三章でもふれたが、私は基本的に三人称一視点をベースにするべきだと考えている。つまり、第三者の視点だ。主人公×の様子を表現する際、「×は○○をした」「×は△△のように見えた」という書き方をするのだ。これが三人称である。

この場合、「×は悲しかった」という表現はタブーだ。悲しいというのは感情であり、第三者がそれを主観的に述べることはできない。これが視点の揺れ、視点のふらつきである。では、どうすればいいのか。第三者の立ち位置で「×は悲しそうな表情をした」などと書くべきなのだ。

また、気をつけなければならないのは、あくまで×を中心に世界観を描写しているわけだから、その時点で本人が知り得ない情報が地の文に盛り込まれていてはいけないということだ。

一例を挙げると、主人公が初対面の相手に「私は伊藤《いとう》です」と自己紹介をされた場合。厳密にいえば、耳で聞いているだけのシーンであるから、「ところで伊藤さんは……」と切り返すのは、おかしいことになる。「伊藤」なのか「伊東」なのか、あるいは「糸生」なのか、「鯱」なのかは、まだ特定されていない。

もっとも、この程度の描写では、端折《はしょ》ったほうがリズムを維持できるという見方もある。展開に応じて、自覚的に描写をカットすることに問題はないが、そうした前提を踏まえておくことは大切だ。

新人賞選考では、視点のふらつきは減点対象になりやすい。傾向として、年輩の選考委員のほうが視点の設定に厳しい人が多いように感じられる。実際、文学賞の選評を見ていても、昔のほうが視点の問題については厳密に指摘されていたようである。

最近はプロの作品であっても、視点に関するルールが少しゆるくなりつつあるように見えるが、それでも最低限守るべきラインは存在している。ひとつの場面で、複数の人物の視点が入り乱れれば、読者の混乱のもとになる。

もし、一次選考や二次選考までは通るが、どうしても最終まで進めない、あるいは最終選考を突破できないという人は、視点の混乱がないか、見直してみてはいかがだろうか。すっきり整理されると表現が大きくブラッシュアップされ、より読みやすい作品に仕上がるはずだ。

いまでもオールタイムのSFのベストに推される作品に、ロバート・A・ハインラインの『夏への扉』がある。

ハインラインは作家になるまでにさまざまな職を経験し、人と組織をつぶさに観察してきたことを糧にした作家だ。何か事が起きた際に、人がどう動くのか、組織がどう動くのかという描写はまさしく天下一品、作家志望者にとって学ぶべき点は非常に多い。

『夏への扉』は、そのハインラインが描いたSFファンタジーである。手痛い失恋や裏切りによって心に痛手を負った主人公はある日、「冷凍睡眠保険」のネオンサインを見て、未来へと旅する。目覚めた世界で彼は、まずその時代についての知識を得るために、図書館へ向かうのだ。

ファンタジーでありながら、そういったディテールを省かずに描いたことで、主人公と読者は同じ目線で情報を集めていくことになる。それが地に足の着いた世界観を創り上げ、現実から遠く隔たった舞台で展開される物語でありながら、多くの読者の共感を得ている。読者は常に、一人称の主人公の肩越しにすべてを体験しているのだ。

小説指南書のなかには「初心者は一人称で書くのがおすすめ」と指導するものもあるが、エッセイとは違って小説を一人称で書くのは簡単ではない。一人称で書いているかぎり、視点人物の視界に入ってこない情報は、いっさい描くことができないからだ。行動半径の狭い主人公の場合は、苦労することになる。

さらに言えば、すべての描写が当人のフィルターを通して描かれることになるため、風景をシンプルに描く場合でも、そこにはキャラクターの性格に即した描写が求められる。たとえば砂浜から海を眺めているシーンでも、海が好きか嫌いかによって描写は変わってくる。もし、過去に海難事故を経験している人物であれば、当然、波についての描写には恐怖が含まれなくてはならない。そういった技術的な問題から、中盤以降に壁に突き当たるリスクが高まる。一人称のほうが文章を書き出しやすいのはたしかだが、明確な狙いがなければ、決してすすめられる手法ではない。

また、さらに推奨できないのは二人称だ。「あなたは……」「君は……」という視点で状況を描写しつづけるのは、プロにとってもかなりハードルの高い作業だ。既成の作品でもごく稀に見かけるが、成功例はほんの一握りと言わざるを得ないだろう。

数少ない事例として、フレドリック・ブラウンの『まっ白な嘘』という短編集のなかに、二人称で書かれた作品「うしろを見るな」が収録されている。この作品の場合、眠りから覚めた人物に対するメッセージでストーリーが進行するという設定であるため、二人称を用いる明確な必然性がある。それが抜群の効果を生んでいることは、一読すればよくわかる。

これもフレドリック・ブラウンだからなしえたわざであり、よほど筆力に自信があるのでないかぎり、避けたほうが無難と言える。

リーダビリティの正体

「寝食を忘れて一気読みした」と言われるのは、作家冥利《みょうり》に尽きることだ。私自身、そういう小説の魅力に取りつかれて、作家になりたいと思うようになった。夢中になって読まれるような作品を書きたいというのは、すべての作家に共通する願いだろう。

第二章でもふれたが、リーダビリティを演出する秘訣《ひけつ》のひとつに、対立構造や複数の謎を仕掛けておく、という方法がある。重要なのは、読み手のテンションを維持すること。補助ブースターを効果的に機能させながらメインエンジンに着火することで、ラストまで一気に読ませてしまうわけだ。

たとえば、いまでも私にとってバイブルのひとつになっているものに山田風太郎『甲賀《こうが》忍法帖《にんぽうちょう》』がある。徳川三代将軍の座をかけて、甲賀・伊賀《いが》の忍者たちが秘術のかぎりを尽くして争う忍術活劇で、もはや忍法と言うより妖術《ようじゅつ》や魔法に近い技の応酬が見どころである。痰のような粘液で相手をとらえる者もいれば、飲み込んだ槍《やり》を吐き出して相手を仕留める者もいる。はたまた、死んでも蘇《よみがえ》る忍者まで現れ、リアリティは皆無に近い物語だ。

この物語が秀逸なのは、ある忍術を使う忍者に対して、その忍術を無効化するような、ある意味天敵ともいうべき忍術を持つ忍者を設定するなど、キャラクターの相克関係が練り上げられている点にある。天敵と獲物のような関係を設定することで、現実離れしたバトルに絶妙な説得力が生まれているのだ。

私がＳＦにハマるきっかけになったシオドア・スタージョンの『人間以上』も、その世界観に一気に引き込まれてしまった物語だ。簡単にいえば超能力を秘めた超人類の物語で、三つの中編が集まってひとつの長編小説をなす形式が採られている。

第一章では超能力を秘めた知的障害者の物語を、第二章では赤ん坊と思われていた子供が超知性の持ち主である物語といったように、「これはいったい何の話なのだろう？」と戸惑いながらも、気づいたら物語から目を離せなくなっている。石ノ森章太郎さんはこの作品に影響を受けて『サイボーグ００９』を描かれたと明言されている。

単に複数の超能力者が次々に登場するだけでなく、彼らが集団となって初めてひとつの人格を形成するというアイデアも秀逸で、後に多くの模倣者を生んだ。

この作品から私が学んだことのひとつに、〝思いついたことは、どんなことでも書いてみることが大切〟ということがある。「これを書くと差別的だとクレームが来るかもしれない」とか、「いくらフィクションとはいえ、設定がえげつないと批判されそう」といったことを懸念して、書くことに自らブレーキをかける必要はないのだ。

どんなことでもいったん文章化してみて、推敲の際に熟考し、やはり書くべきではないと判断したら削ればいい。発想に自ら制約を設けることで、ヒットの種を自ら捨ててしまう可能性もあるし、文章が縮こまることで、知らず知らずのうちにリーダビリティを停滞させているかもしれないのだ。

リーダビリティという点でいえば、小学校時代の夏休みに夢中になって読みふけった、吉川英治《よしかわえいじ》の『三国志』を思い出す。猛暑のなか、冷房の効いた部屋でこの世界に埋没するのは、当時の私にとってまさに至福のひとときだった。歴史ものはどこか教養の匂いがするのも子供心に惹かれていた。実際、私はこの物語を通して中国の古代史を学び、多くの漢字を学習したのだから。

三国志はほかにもさまざまな作家が題材としてきたが、この吉川英治版の特徴は、基本的にメロドラマ調であるため、ストーリーが取っ付きやすくわかりやすい点にある。

これは『水滸伝《すいこでん》』にも言えることだが、こういった入りやすい取っかかりが用意されていると、あとは作者に手を引かれるようにして物語の世界を進んでいけば、次々に魅力的なキャラクターに出会うことができる。たとえば、情に訴えるようにして領土を広げてきた、狡猾《こうかつ》な一面を持つ劉備玄徳《りゅうびげんとく》。対照的に、数々の策で合戦を勝ち抜き、天才軍師の名をほしいままにする諸葛孔明《しょかつこうめい》。味方同士ではあるが、図抜けてクレバーな人物（諸葛孔明）と、とんでもない人たらし（劉備玄徳）のどちらがより大きな仕事ができるのか、つくづ

く と考えさせられた。
三国志は横山光輝《よこやまみつてる》さんのマンガ版も有名だが、活字のみの小説だからこそ、より想像力を膨らませてくれるのだと思う。

〝一気読み〟を狙った『悪の教典』

文章や文体も、小説において大切な要素だ。読者はデリケートなもので、どこか一箇所でもひっかかる点があると、途端に読み進めるスピードを落としてしまう。「あれ?」と違和感が生じるたびに、読み手はスピードと関心を低下させていくのだ。

文章も自転車と同じで、スピードにのっているときほど安定性がある。一定の速度を保つためには、読者が引っかかりそうなポイントを徹底的に排除するべきだろう。

『悪の教典』は最初から〝一気に読めるエンタテインメント〟を狙っていた。そのため、できるだけ難解な表現は避け、一文一文を簡潔にまとめることを心がけていた。

ただしこの作品では、一気に読んでもらいつつも、主人公の蓮実《はすみ》聖司《せいじ》にあまり共感してほしくないという、相反する思いがあった。共感能力が欠如した蓮実の人間性こそが、ストーリーの核なのだから。

そこで考えたのが、出だしとそれ以降で、主人公（蓮実）に対するとらえ方を変えてもらう手法である。一読していただければ、第一章では蓮実という人物を生徒から人気があるスーパー教師として描いているのに、次の章から徐々に不穏な描写に変わっていくのがわかるはずだ。

たとえば次の引用は、蓮実が同僚の教師・園田と保護者の間で起こったトラブルを治めるために、酒場に園田を呼び出して説得するシーンである。


「園田先生。お話をうかがえて、本当によかったと思います。先生は、やはり、我が校に必要な方だという確信が持てました」

園田教諭は、焼酎のグラスを置くと、大きな目で蓮実を見た。

「蓮実先生の言いたいことは、よくわかってます。そのために、本日は、こうしてお誘いいただいたわけだ。……だが、私は、自分の信念に反し、体罰を加えて申し訳ないなどと謝罪することはできない！」

「もちろんです」

蓮実は、間髪を入れず答えた。

「ん？　どういうことです？」

園田教諭は、狐につままれたような顔になった。

「ですから、先生が鳴瀬を殴ったことに対して謝罪される必要など、一切ないということです。たしかに、建前では、体罰はすべて禁止されています。しかし、今の子供たちが、それで言うことを聞きますか？　一時的な感情の発露ではなく、心底、子供たちのことを案じて加える体罰は、愛の鞭です。子供たちが道を踏み外しそうになったとき、愛の鞭によって立ち直ることができれば、将来、必ず感謝するはずです」

園田教諭は、大きくうなずいた。

「蓮実先生が、そういうお考えだとは知りませんでした。……いや、我が意を得た思いです」

向こうで、田浦教諭が、ぽかんと口を開けているのが見えた。蓮実がふだん生徒たちに言っていることとは、百八十度違う話だからだろう。

「私たち一般の教師は、必要な体罰を一部の先生に肩代わりしてもらって、自分たちは、のうのうと体罰には反対のような顔をしていたんじゃないか……私自身、反省が必要だと思ってるんですよ」

「ひかし、ほれはですね……蓮実先生」

真田教諭が、呂律《ろれつ》の回らない舌で何かを言いかけたが、田浦教諭に手で口を塞がれた。

「いや、よくわかりました。私も、今日は、蓮実先生のお考えを知ることができたのは、良かったと思います。ですが、だったら、この一件は、どう処理するおつもりですか？　鳴瀬の親はかなり強硬だと、教頭から聞きましたが」

「ええ。ですから、園田先生には、謝罪していただかなければなりません」

「何だと……？」

園田教諭の目が、ぎらりと剣呑な光を帯びた。

「今、謝罪は必要ないと言ったばかりだろう？」

二人を除く全員が、凍り付く。ラビットパンチの店内は、一気に気温が十度ほど下がったようだった。

「はい。先生が鳴瀬を殴ったことに対しては、謝罪の必要はないと思います。……しかし、怪我を負わせたことについては、話は別です」

蓮実は、平静な調子で答える。

「怒りにまかせてではなく、冷静に生徒を導こうとして加えた体罰なら、怪我をさせないような配慮は、当然、あってしかるべきでしょう。……失礼を承知で言いますが、目尻を切って流血させるというのは、プロの教師としてどうなのか。まして、園田先生のような空手の達人が、どうしてそんな下手糞な殴り方をしたのか、今でも不思議でしょうがないんですよ」

しばらくの間、重苦しい沈黙が続いた。周囲にいる誰もが、固唾《かたず》を呑んで、成り行きを見守っている。

「……素人に下手糞呼ばわりされるのは不本意だが、まあ、そのとおりだからしかたがないな」

ようやく園田教諭が発した声は、笑いを含んでいたので、全員が、ほっと胸をなで下ろした。

「平手で頭を叩こうとしたら、その瞬間、鳴瀬が躱《かわ》そうとしたのか、頭をそらしたんで、目の横に当たってしまったんですよ。まあ、その程度の動きも読めなかった私の未熟さのなせる業《わざ》です」

「ふつう、頭を叩かれそうになったら、下げるだろうにね。逆にのけぞるとは、今の子のやることはわからないなあ……」

そばにいた古典の井原恒《いはらひさし》教諭が、感想を漏らす。授業と同じ春風駘蕩《たいとう》といった調子に、場が和んだ。

「……いや、わかりました。鳴瀬に怪我を負わせたことについては、謝罪しましょう」

園田教諭の態度は、武道家らしく、見ていて潔いものだった。

「ただし、体罰そのものの是非については、信念を曲げるつもりはありません」

「ありがとうございます！」

蓮実は、深々と頭を下げた。


（『悪の教典（上）』文春文庫）


頑固《かたく》なな園田の自尊心を尊重しつつ、思う方向に場をコントロールする、蓮実の人たらしぶりを示すエピソードだ。こうしたシーンを織り込むことで、まずは読者に、蓮実は〝能力のある〟教師であるというイメージを植えつけた。

どれほど感情移入できない主人公であっても、物語が始まってしまえば、読み手は、その続きを知りたくなるものである。つまり、最初に共感させて読み手を物語に惹《ひ》きつけておき、その後、主人公に対するイメージを少しずつ変化させていく手法を採ったわけだ。

『悪の教典』は、クライマックスに向けて物語が転がり始めるまでに注意を引き付けておくことができれば、あとは結末まで一気に持っていけるだろうという計算の下に構成した作品なのである。

メリハリを利かせる工夫

もちろん、構成の面だけでなく、リーダビリティを上げるためには文章作法も重要である。わかりやすくいえば、一文一文が長すぎると読み手はどうしてもスピードにのれないし、もってまわった表現や難解な言葉を多用するのもまた、リズムを損ねてしまう。

文章におけるスピードとは「書くスピード」ではなく、あくまでも「読むスピード」だ。状況を説明するために、ときには少し長めの文章を必要とすることもあるだろう。あえて短文に区切らないほうが効果的な場面もある。そういったことを踏まえたうえで、文章には適度な〝緩急〟が必要なのだ。

たとえば語尾。物語の世界観についての説明がつづくことはある程度やむを得ないが、

「……である」という文章が何度も繰り返されると、どうしても単調なイメージをあたえてしまう。体言止めや他の言い回しを織り交ぜるなど、工夫が必要だろう。

しかし、クライマックスが近づいてきたら、読者を一気にスピードにのせなくてはならない。そこで、あえて「た」で終わる短い文章を連打することで、ドラムのような小気味よさを演出する手もある。登場人物の行動を簡潔に切り取り、読者に提示するのだ。

非常に逼迫《ひっぱく》したシーンでありながら、何かを見つけた主人公が「あれは〇〇だろうか」などと悠長に考えているのは不自然である。ときには彼の目に飛び込んできた視覚情報を、文章にせず、単語ひとつで「見せる」ような方法も有効だろう。


爆弾の爆発を「ドカン」と書いたり、あるいは「ぬめぬめした血糊」などと擬態語を用いて表現することもよくある。

オノマトペについては、昔から小説作法において賛否があった。三島由紀夫《みしまゆきお》は『文章読本』などで、こうした表現は文章の品格を貶《おと》めるとして、全否定していた。

しかし擬態語や擬音も、適切に使えば一定の効果が得られるはずだ。読み手にとって、これほど端的にイメージが伝わる表現方法は他にない。

要はバランスの問題で、「ギュイーン」「ダダダダッ」「ゴーッ」といった字面ばかり連続していては、やはり読みやすい作品とは言えない。誰が見ても決してクオリティの高い文章には見えないだろう。

つい擬音に頼りたくなる気持ちは理解できるが、擬音を使わなくても表現する術《すべ》はある。その〝音〟をリアルに伝えようとするあまり、変に凝った比喩を持ち出したりするのはむしろ逆効果で、なるべく単純でわかりやすい言葉を探す努力が必要なのだ。

セリフに頼りすぎるな

私は今、二つの新人賞の選考委員を務めているが、応募作品に目を通していると、しばしば感じる傾向がある。それは、構成が良くも悪くもシナリオチックであることだ。

これはどういうことかというと、文章中に会話の占める割合が多く、描写よりもセリフまわしによってストーリーを展開させている作品が多いということだ。もっと言えば、地の文を軽んじているように思える作品が目につく。

書き手の心理としては、複数の登場人物の会話でその場面、やりとりを見せる手法は、手っ取り早くて楽な一面がある。会話はカギカッコで括《くく》られているから、特別な補足をせずにいきなり文中に差し込んでも、それが会話文であるということは伝わる。

だが、小説がト書きのようになってしまってはいけない。なかにはキャラクター同士のセリフまわしだけで状況を説明しようとする原稿も少なくないが、会話はあくまでも全体の文章の一部であり、それだけで物語が進行するわけではない。会話に頼りすぎると、物語が進行している感覚が希薄になってしまうことがあるので注意が必要だ。

それが効果的な演出につながるケースもあるが、新人賞へ応募するレベルの原稿では、会話偏重が裏目に出ていることがほとんどと言っていいだろう。

会話が多くなりすぎる一つの要因は、キャラクターに個性を持たせようとすることである。「ゆるキャラ」が語尾に独特の言いまわしをするように、セリフはアレンジひとつで個性を表現することが可能なので、つい会話が多くなってしまい、ついでにセリフ部分で状況を説明してしまったりするのかもしれない。

キャラクターの個性を際立たせることは悪いことではないが、セリフに依存しすぎてはいけない。読み手への「説明」は、なるべく描写で行なうべきというのが私の持論である。とくに最近は設定が複雑化しているので、いかにすんなりと読者に理解してもらうかが、書き手の腕の見せどころだ。

説明的な会話を多用すると、読者を興醒《きょうざ》めさせてしまうことになる。それよりも、手がかりやヒントを適所に配置することで、読者の頭が自然に理解へと導かれるような工夫をほどこすべきだろう。

とりわけ新人賞などの選考においては、「この人は小説をよくわかっているな」「小説という形式をちゃんと理解しているな」と選考委員に思わせられれば、評価は一段階アップするはずである。

小説の本体はあくまで地の文であるということを忘れてはいけない。

ジャンルによって文体は変えるべきか？

ミステリを書く場合とホラーを書く場合とでは、文章の書き方を変えるべきか？　これも、作家志望の方からよく聞かれることだ。

これについては「必要はない」というのが私の実感である。実際、私はデビューに至るまで、日本ホラー小説大賞に何年もつづけて応募したが、ホラーだからといって特別に文体を変えようとしたことは一度もない。

そもそも、ジャンルというのは、明確なひとつの基準で分けられるものではない。ジャンルを決めるのは、「手法」であり「構造」なのだ。

たとえばホラー小説とは、恐怖を感じさせることに主眼を置いた小説の総称であり、日本古来の怪談もあれば、サイコホラーやバイオホラーなどさまざまなバリエーションが存在する。

時代小説からミステリ、ＳＦまでが同じ枠に入れられているようなものである。

そこに含まれているテーマや内容がどんなものであろうと、読み手を怖がらせることを目的とした演出に特化されていれば、それはホラーとしてひと括りにされるわけだ。

もし文体をアレンジする必要があるとすれば、ジャンルではなく、どんな作品にしたいかという青写真によるべきだろう。老若男女幅広い層に読ませたい作品なのであれば、なるべく平易な表現を用いるべきであるし、一気読みさせたいエンタテインメントを目指すのであれば、簡潔でリズムのいい文章を心がけるのがベターだ。

ジャンルという枠組みにとらわれるよりも、重視すべきは、「わかりやすくて面白い作品」を書くことだ。そのために簡潔で読みやすい文章を目指すことが第一である。それがものになっていれば、どんなジャンルであろうと通用するだろう。

カッコいい文章を目指すな

何か特別な事象を表現するときや、ムードを演出したいときなどは、文章をさまざまな形容詞で飾り付けたくなるものだ。しかし表現に凝りすぎることは、文章を読みにくくするリスクを高める。

文章はシンプルであるほどいい。少なくともエンタテインメント系の新人賞であれば、「内容はイマイチだけど表現が秀逸だから受賞させよう」などということはまずあり得ない。

その意味で、カッコいい文章表現を売りにしようと考えることには、マイナス面のほうが多いと言っていいだろう。文章の見映えで点数を稼ごうとするのではなく、内容でいかに減点されないかを考えるべきだ。

とくに危険なのは比喩表現だ。文章を書いていると、見たことのないような気の利いた比喩が閃《ひらめ》くことがあるが、それが本当に素晴らしいものであるなら、おそらくとっくに使われているだろう。逆に、これまで誰も使ったことのないような比喩というのは、使われなかっただけの理由があるのだ。まったく新しい比喩表現というのは、現実的に考えてそう生まれてくるものではない。

「○○のように」という直喩は、比較的無難な部類だが、それでも使いすぎると文章がごちゃごちゃしてしまう。多用は避けるべきだろう。

また、最近では日常会話のなかで、副詞句のなかにあえて違和感のある比喩を盛り込むことも多いようだ。たとえば「あの娘《こ》は鬼のように可愛い」とか、「試験が馬鹿みたいに難しかった」といった類だ。

副詞句はあくまでも程度を表しているので、間違いとまでは言い切れないが、もともと、あえて矛盾した表現をしているのだから、妙に引っかかる字面になってしまう。

それよりも、日本語として誰にでもわかりやすい平易な表現を心がけたほうが、結果として小説としてのクオリティは上がる。文章力を鍛えることは大切だが、凝った表現を考えるために頭をひねるなら、その分アイデアをもっと煮詰める努力をするべきだろう。

長編小説を書き上げるために必要なこと

原稿用紙換算で三〇〇枚から五〇〇枚もの長編を書き上げるということは、考えれば考えるほど大変な作業である。長編に比べて短編のコンテストのほうが圧倒的に応募数が多いことからもわかるように、このボリュームにプレッシャーを感じてしまう人は少なくないのではないか。

しかしここで、「どうすれば枚数を稼げるか」と考えてはいけない。何百枚という枚数を書かなければならないことを思うと、冗長な書きだしになってしまうこともありそうだが、それでは傑作が生まれるわけがない。

小説は常にわかりやすいものであるべきだ。短編やショートショートの場合であれば、紙幅に余裕がないぶん、いきなり核心に近いシーンから幕を開ける作品が多いが、これを大長編でやるくらいのつもりで物語を書き始めるのが理想だろう。

そもそも、それが本当に書きたいテーマであるなら、五〇〇枚でも足りなくなることもあると思う。むしろ長編小説だからこそ、いかに余計な部分をそぎ落として、簡潔にまとめるかに知恵を絞るべきなのだ。

第一章のなかで私は、長編は短編の集合体のようなもの、と述べた。たとえば実写映画の場合、一台のカメラを延々と長回しして撮るような作品はほとんどない。必ず場面や視点の転換があり、それが長いひとつの物語を構成するうえでのアクセントになっているはずだ。

小説にも同じことが言える。たとえばＳＦ作品に授与されるヒューゴー賞やネビュラ賞の受賞作によく見られるのが、まず短編作品として賞を受け、それが反響を呼んで続編が書かれ、一編がひとつの章として構成されて長編化するパターンだ。単体で短編作品として評価されるだけのクオリティを備えているからこそ、この世界観、この物語の話をもっと読みたいと求められるのである。

そういう意味で私は、長編小説の原点は連作短編集のかたちにあると思っている。それぞれの章が、独立した短編小説としても通用する構成を意識し、そのつど読者に十分な満足感をあたえられるような作品づくりを目指せば、自《おの》ずと質の高い長編が書けるようになるはずだ。

ただし、これには例外もある。ダニエル・キイスの名作『アルジャーノンに花束を』も、最初は短編で発表された作品だったが、こちらは連作形式で膨らませたわけではない。父の転勤で、ドイツのインターナショナルスクールにいた中学時代、英語の教科書に載っていたのがこの物語との出会いだった。のっけから文法を無視した奇妙な文章が続き、頭から「?」を飛び出させながら読み進んだが、最後の一文で滂沱の涙となった。帰国後、長編バージョンがあることを知って、翻訳版を手に取ったが、短編のエッセンスを見事に膨らませて長編化されていることに驚いた。キャラクターの心情や細部のディテールなど、深く詳細に書き込むことで、いっそう読み応《ごた》えのある作品に昇華していたのである。こういうタイプの長編化は珍しいだろう。

なお、エンタテインメントの基本的な構造が、いわゆる「起承転結」であるのは間違いない。慣れないうちは、一〇〇枚を目安に、そのなかで起承転結を成立させることを意識してみてほしい。極端かもしれないが、それを四回、五回と繰り返せば、間延びしない長編作品ができ上がるはずなのだ。

しかし、あまりこの「起承転結」の繰り返しにとらわれすぎると、構成が悩ましくなることもきっとあるはずだ。そんなとき、「起承転結」のひとつのサイクルのなかで、毎回必ずオチがついていなければならないと依怙地《いこじ》になる必要はない。すべての伏線は、最終章までに回収されていれば問題ないのだ。むしろ、未回収の伏線がかえってサスペンスにつながることもあるだろう。

熟練してくれば、最初のサイクルでは「結」の部分を意図的に省く、といったテクニックも講じられるようになる。このあたりは経験によって習得できるものだろう。

そのネタは長編向きか、短編向きか

では、アイデアメモの段階で、長編向きのネタと短編向きのネタは、それぞれ何が異なるのか。

私の場合、これはアイデアの〝重量感〟であると考えている。それがどのくらい広がりを持っているのか。個人の話なのか、組織の話なのか、それとも、国家かそれ以上の範囲の人々に影響を及ぼす話なのか。

たとえば人類全体の存亡にかかわるテーマであったり、地球規模の大変動について論じるような作品であれば、やはり数十枚の短編で表現するのは困難だろう。逆に、スケールの小さなテーマを長編に膨らませるのも、難しいことだ（長編作品のなかのひとつのネタとして活用することは可能だが）。ネタの重量感の見極めを誤ると、途中で書くことがなくなってしまい、「どうすれば枚数を稼げるか」という思考に陥ってしまう。

作品によっては、本筋とは関係のない会話に行数を費やしたり、あまり意味があるとは思えない方向に脱線しているような文章を見かけることもある。

プロの作家の手になるものなら、それもシリーズキャラの見せ場として、ある種のファンサービスになっていることもある。しかし、これは固定ファンのついているプロの作家の芸であり、これから作家を目指す方は、禁じ手のひとつと心得ておくべきだ。

たとえば、登場人物が料理をしているシーンで、そのレシピをつぶさに記載するようなことは、間違いなく蛇足である。正確なレシピを載せることで、おまけを加えるつもりなのかもしれないが、読者が欲しているのはあくまで物語なのだ。

そぎ落としても問題のない部分は、とにかくすべてそぎ落とすこと。それが小説作法のセオリーだ。それ以外の部分は、単なる枚数稼ぎでしかない。

筆を止めさせないコツ

プロットも完成し、いよいよ執筆開始。しかし、やる気満々でパソコンの前に座ったものの、一向に執筆がはかどらない。

こんな経験はプロでも必ずある。文章を書くコンディションというのは、さまざまな要因が作用しあって形成されるものである。だからこんなとき最も大切なことは、なぜ書けないのか、筆の進みを阻害している原因を、大雑把にでも考えてみることだ。

たとえば、単に睡眠が足りていなくて眠いときは、思うように頭が働かなくて当たり前だ。その場合はいっそ寝てしまうのが一番である。たとえ一時間だけでも仮眠をとると、人間の脳はかなりリフレッシュできる。同様に、空腹感が脳の働きを邪魔しているようなら、食べ過ぎない程度にお腹にものを入れてみたり、飴《あめ》玉やチョコレートなどをこまめに口にし、血糖値を上げるのもいいかもしれない（糖尿病にならない程度にだが）。

また、これから書こうとしている内容に対して、納得できない部分があったり、ぴったりした書きだしが決まらなかったりすることもあると思う。その場合は、あとで削除することを前提に、とにかく仮置きのつもりで書き始めてしまうことを勧めたい。とりあえず筆を進めているうちに、違うパターンのアイデアを思いつくなど、何らかの突破口が見えてくることもあるのだ。

あるいは、ボトルネックになってしまった冒頭部分を飛ばして、書きたいシーンから手をつけてしまう方法もある。こういった融通が利くのは、パソコンで執筆する大きなメリットである。

はっきりとした問題がないのに筆が進まない場合、心理的な障害があると考えるべきだ。水泳の飛び込みにたとえると、飛び込み台に立った瞬間こそ、最も心理的な障害が大きく作用するもの。飛び込んでしまいさえすれば、あとはすんなり泳ぎ始められることもあるのだ。

また、誰しも新しい作品に着手する際には、「さあ、これからどれほど面白い小説が誕生するだろうか」と、期待に胸を膨らませるものだ。しかし、得てして書き進めるうちにその期待感は萎んでいくものである。そこで直面する失望感で、書くのを止めてしまうことも珍しくない。その意味では、執筆前に勝手に盛り上って幻想を膨らませすぎないこと、というのも後々、筆を止めさせないコツである。

第五章　推敲

小説の手法は「水墨画」ではなく「油絵」

プロットを肉付けして物語を膨らませ、実際に本文を最後まで書き上げたら、今度はそれを読み返して修正点を洗いだす作業を行なう。これを「推敲《すいこう》」と呼ぶ。

どんな天才であっても、最初から一分の隙もない完璧《かんぺき》な原稿を仕上げられる作家はまず存在しない。誤字脱字もあれば、不要なシーンや表現、あるいは説明不足でわかりにくい部分など、第一稿ではさまざまな〝粗〟が目につくのは当たり前のことである。小説とは、推敲を重ねてそれらの点を直し、ブラッシュアップして完成度を高めていくものだ。

一心不乱に書き綴《つづ》った原稿ほど、心を無にして読み返してみると多くの発見や気づきがある。その一方、自分で書いた原稿だからこそ、執筆後に客観視することが難しい場合もある。いずれにしても推敲にどれほどの労力をかけられるかが、作品のクオリティを左右すると言っても過言ではない。この章では、文章の〝仕上げ〟のテクニックを学んでいこう。

あたかも第三者のような先入観のない目で原稿をチェックするためには、書き上げた原稿をいったん寝かし、少し時間をおいてから読み返してみるのが効果的だ。スケジュールに余裕があるなら、二、三日おいて読み返すだけで、驚くほど多くの齟齬《そご》や違和感が見つかるだろう。

時間に余裕がない場合は、紙にプリントアウトして読み返してみるのも手だ。不思議なもので、モニター越しに見る文章と紙に印刷された文章ではまるで印象が異なり、モニター上では気づくことのなかったさまざまな瑕疵《かし》を発見できる。

かくいう私も、推敲は必ずプリントアウトして行なうようにしている。冒頭から読み進めていき、単純な誤字脱字やストーリー上の不自然な点、あるいは少しでもひっかかる表現があったときには、付箋《ふせん》を貼ったり赤線を引くなどして、検討材料とする。

推敲の作業は、地味で地道なものに映るかもしれない。しかし、小説を絵画にたとえれば、「水墨画」ではなく「油絵」に近いものだと私は考えている。一度描いた線は二度と消せない、などということはない。むしろ、上からどんどん塗り重ねていけばいいのである。小説は直せば直すほど質を上げていくものと心得るべきだろう。

もっと言えば、油絵というのは重ね塗りするだけでなく、削り落とすこともできるものだ。日本人にはもともと引き算の美学があるが、不要な部分、語りすぎな部分を積極的に削っていくことも、作品の質を上げるうえで欠かせない作業である。

また、推敲は章単位でこまめに行なうことをおすすめしたい。全編を書き上げてから推敲しようとすると、早い段階で致命的な矛盾や欠陥が見つかった場合、膨大な手直しが必要になってしまうからだ。

なお、第二章を書き始める前には第一章を、第三章を書き始める前には第二章をと、これから書くパートの前の章を推敲するのは、筆の助走をつける意味でも有効である。一章ごとにしっかり推敲を重ね、さらに最後に全編を通してもう一度推敲するのがベストだろう。

推敲時のチェックポイント

紙に印字された原稿は、他にもさまざまな発見をあたえてくれる。たとえば段落の長さ。文字を印刷された状態で見ると、それぞれ段落がひとかたまりのブロックとしてイメージしやすくなる。仮に一ページまるまる改行がなければ、ページ全面が文字で埋め尽くされているることが浮き彫りになるわけだ。これでは読者に圧迫感をあたえてしまう。

作家がリズムにのって原稿を書くように、読者にもまた、読むリズムがある。いかに読者をリズムにのせられるかは、目にフレンドリーかどうかも大切な要素だ。

また、漢字を多用しすぎている場合も、ページ全体が黒っぽくなり、やはり重苦しい印象をあたえてしまう。できるだけ平仮名に開くか、あるいは他の表現に言い換えるなどして、少しでも読みやすく見えるように修正すべきだ。

複雑な情景や込み入った設定を伝える必要があると、どうしても説明部分が長くなってしまうが、その場合でも、合間にちょっとした会話を挟み込むなどすれば、全体の印象はがらりと変わるはずである。

推敲の際に意識するべきは、読者を疲れさせはしないか、ということだ。読書時間の減少が指摘されて久しい昨今、多くの読者は活字に対する〝体力〟を失いつつある。スムーズに読み進めてもらうための手間を惜しむべきではないだろう。

なお、推敲の前には頭を真っ白にリセットするために、原稿から一定時間離れることが有効であると先にも述べた。

しかし、締め切り目前で、あまり悠長に構えていられない場合もあるだろう。そんなときは映画でも小説でもいいので、一度他の作品世界に没入してみよう。二時間もあれば映画を一本観られるし、パラパラとマンガ本をめくるのもいいだろう。

まったく別の世界観にひたることで、スイッチを切り替えるのだ。それから再び自分が書いた物語に戻ってくると、さっきまでとは違った視点から見直すことができる。

文章の贅肉を削ぎ落とす快感を知ろう

私が推敲の重要性をあらためて思い知ったのは、デビュー作『十三番目の人格《ペルソナ》 ISOLA』が、角川ホラー文庫から出版されることになったときだった。

佳作はいただいたものの、編集者から何度も厳しい指摘を受け、自分を否定されたような心境になった。それまでも自分で読み直して推敲作業をしていたつもりでいたのだが、ゲラに書き込まれた指摘の数々は、思ってもみなかったことが多く、目を見開かされた。

「推敲するとはこういうことなのか」とプロの視点の鋭さに舌を巻いた。

自分が苦労して書き上げた作品にメスを入れるのは、最初はつらい。しかし書き上げたものにこだわっていては駄目だ。思いきって、削り、表現を換え、入れ替えをする勇気がほしい。その作品をもっとよくするために、避けられない道だと心得るべきである。

相手が編集のプロでなく、身近な第三者に原稿を読んでもらって、意見をもらう場合も同様だ。どれほど意に染まないコメントが返ってきたとしても、そこには他人にしか感じられない貴重な助言が含まれている。

私自身もキャリアの初期に思い知ったことだが、新人ほど自分の原稿を自ら切り落とすことができないものである。せっかく書き上げた原稿を削ることは、ときに自分の身を切られるような痛みをともなう。しかし体験から断言できるが、編集者の指示に従って不要な描写を削り落としていくと、もとの原稿よりも格段に良いものに生まれ変わることは間違いない。

面白いもので、それに気づいたときから私は、原稿をばっさりと切っていく作業にちょっとした快感すら覚えるようになったのである。新人賞の応募作品を見ていると、必要なシーンと必要なシーンのあいだをつなぐために、不要なシーンを肉付けしてしまっているパターンをよく見かける。間をもたせようと、よかれと思って設定したシーンが、完全に逆効果になってしまっていることが少なくないのだ。

たとえば幕間にサービスのつもりで恋愛話を入れてみたり、キャラクターの背景を微に入り細をうがって紹介していたり、本筋とはつながりのない昔話を挿入してみたり。そういった贅肉《ぜいにく》を単なる埋め草として不要にまとわせることで、全体のバランスが損なわれているのだ。

肉付けされたシーンというのは、読んでいる側は敏感に察するものである。そもそも作者が楽しんで書いていなければ、読者ものってくれない。間を埋めるために余計な文章を書くぐらいなら、勇気をもってスリム化するべきなのである。

もし、そうすることで規定の枚数に届かなくなるのであれば、それはそもそもアイデアの段階で無理があるということだ。アイデア、プロットから見直しをはかる必要がある。繰り返すが、小説における余分な記述というのは、無駄な脂肪や贅肉にすぎない。これを削《そ》ぎ落とすことで、美しいボディに生まれ変わることができるわけだ。ダイエット企画の「before」「after」ではないが、シェイプアップさせてぐっとよくなったときの喜びを早い時期に味わっておくと、書き手としての向上も早い。その喜びを知ることは、作家になるための大きな前進と言っていいだろう。

〝ご都合主義〟に陥らないための注意点

ミステリにかぎらず、エンタテインメントではたいてい、大なり小なり何らかの謎が提示される。たとえばホラーであれば「なぜこんな奇怪な現象が起こるのか」という謎が、恋愛小説なら「なぜ愛し合っていたはずの彼女は自分のもとを去ってしまったのか」などの謎が設定され、それがストーリーの推進力となるわけだ。

いずれも主人公が真相にたどりつくまでが面白いのだが、なかにはそのプロセスが強引すぎて、予定調和とご都合主義のオンパレードになっている作品も少なくない。読み手には一目瞭然でも、書いている本人にはなかなか気づくことのできないものなのだ。

たとえばミステリものの二時間ドラマを見ていると、刑事が聞き込みに行った先々で、周辺住民や関係者がペラペラと有力情報を教えてくれるシーンをよく見かける。ときには、もう何年も前のできごとについて聞かれているにもかかわらず、昨日の話のように明確に証言してくれたりする。

現実世界でそんなことがあり得るかというと、それは「ＮＯ」だ。相手が刑事であるとはいえ、見知らぬ二人組が突然訪ねてきて昔のことを根掘り葉掘り聞かれたら、普通はもっと警戒するだろう。事件との関わり合いを恐れて口を閉ざす人だっているかもしれない。ところが、どんな難事件でも二時間以内に解決しなければならないため、都合よく情報が提供され、捜査は常にとんとん拍子に進捗していく。あえてそこにハードルを設けて、ご都合主義に陥らないよう配慮しているドラマは質がよい。小説にしても同じだ。

また、探偵ものなどにありがちなのが、たまたま主人公が遭遇した日常の小さなエピソードが、事件の謎を解く大きなヒントになっているパターン。これもやはり、ご都合主義と言わざるを得ない。

もちろん、フィクションだから現実と同じような捜査手順をいちいち描く必要はない。読み手にとってテンポのいいペースを守るために、話をショートカットさせるのはありだろう。しかし、偶然に頼りすぎる展開はリアリティを損ない、読者を興醒《きょうざ》めさせることになる。

主人公が情報を得る過程で、何らかの偶然や幸運に助けられることがあってもいいが、その場合は〝何がラッキーだったのか〟を慎重に考慮して設定するべきだ。たとえば、核心を突く情報がたまたま耳に飛び込んできた女子高生の会話だったというのは、あまりにも神がかり的なラッキーである。それよりは、どんなに必死に調べてもわからなかった情報が、燈台もと暗しで、意外に身近な人物から得られた、などという少し遠回りなラッキーのほうが、自然に受け止めやすい。

近年、「セレンディピティ」という言葉を耳にするようになった。これは自分にとって価値のある予想外のものを「偶然」見つけ出す才能を指す言葉である。ミステリの謎解き役は、すべからくセレンディピティの持ち主でなければならないが、それを不自然やご都合主義と感じさせないようにすることが腕の見せどころと言えるだろう。

ミステリの面白さのひとつは、〝いかにして真相に迫るか〟にあるわけだから、その過程で偶然の要素が幅を利かせていては、どれほど魅力的なトリックが用意されていても台無しであろう。推敲の段階でもう一度点検するべきポイントである。

生みの苦しみ、死の苦しみ

推敲の段階までできたら、完成まであと少しである。しかし、書き上げた原稿を繰り返しチェックし、修正を加える作業というのは、単調でときに苦しいものだ。ストーリー全体を揺るがす致命的な欠陥を見つけてしまった場合などは、なおさらだろう。

私がよく感じるのは、ひとつの小説を仕上げるまでには、「生みの苦しみ」と「死の苦しみ」があるということである。

どうせ苦しむなら、前者の「生みの苦しみ」であるのが理想的で、この場合は何かブレイクスルーを見つけてしまえば、その先に大きな世界が開けることがある。それは作家にとって喜びの瞬間でもあるはずだ。

一方、後者の「死の苦しみ」は作家にとっては最悪だ。苦しみつづけながら、結局、何も生み出せないのだから。

誰しも、思いつくままに筆が進めば、これほど楽しいことはないだろう。しかし、新人賞という競争を勝ち抜いたり、多くの読者に共感してもらえる物語を作ろうとすれば、どうしても大きな苦労に直面することがある。

私が『黒い家』を執筆した際も、アイデアノートに記されていたミステリ向けのネタを、いかにホラーとして料理するか、大いに悩み、苦しんだ。

しかし受賞後、作品を読んだ友人から「前の作品と比べて、文章に気迫を感じた」と言われ、報われた気持ちになったのを覚えている。プロット段階で幾度となく試行錯誤を繰り返した苦労や、〝絶対に大賞を獲《と》る〟という決意は、必ず作品にパワーを与えるはずなのだ。

原稿を書くことに苦しんでも、悲観しないでほしい。「生みの苦しみ」を味わった後に聞く産声は、すべての苦労を帳消しにしてくれるのだから。

第六章　技巧

読者の感情移入を促す仕掛け

結局のところ、優れた小説とはどのような小説なのか。少なくとも、正確な日本語で端正な小説を書くことと、面白い小説を書くことは別物だ。むしろ最近の新人賞では、そつなくきれいにまとまっている作品よりも、粗削りでもインパクトのある作品が勝ち残る傾向が見られる。減点法ではなく加点法の世界と言ってもいいだろう。

大切なのは自分が「面白い」と感じるアイデアを、最も効果的に物語で見せることだ。もちろん、それができれば最初から苦労はない。日々世界中のクリエイターたちがそのための方法論を摸索しているのだ。

だから、せめて少しでも登場人物を輝かせる方法、少しでも読み手の心をつかむ手法、少しでも快調に筆を進ませる習慣など、あらゆる角度から貪欲《どんよく》にレベルアップに励むべきだ。

ここでは、小説作法の基礎をひと通り押さえたうえで、ワンランク上の作品に仕上げるためのテクニックを紹介していきたい。

エンタテインメントにおいて重要なのは、やはり面白くて疾走感のあるストーリーだ。ストーリーが描ければ、他にどんな瑕瑾があったとしても、自《おの》ずと読み手はついてくる。そして、そんなストーリーを生み出すために必要なのがアイデアである。

しかし、新人賞の選評などを見ていると、「アイデアは悪くないが、面白みに欠ける」と評される作品が少なくない。本当にアイデアに問題がないのだとすれば、なぜ高評価が得られなかったのか？　たいていの場合、その原因は「読者が感情移入できない」ことにある。つまり、物語の世界に引き込まれないのだ。

数年前に、こんなアメリカ映画を観たことがある。登場するのは、ヒッチハイカーを乗せては殺すことを繰り返しているヒッチハイカーと、運転手を殺しまくっているヒッチハイカー。後者が前者のトラックに乗り込んだら、という内容のホラーだった。

設定だけを見れば、いかにも何かが起こりそうな気配が漂い、なかなか面白そうに見えるかもしれない。ところが、この映画は全然面白くなかった。なぜなら、主要キャラクターのふたりがいずれもシリアルキラーであるため、まったく共感できなかったからだ。

どちらの人物にも感情移入できないから、どちらかがピンチに陥って殺されそうになってもハラハラすることはないし、優勢になってもワクワクしないのである。結果、最後まで淡々と展開を追うだけで、心を揺り動かされることはほとんどなかった。まさに「アイデアは悪くないのに……」といった状態だ。

読者に感情移入してもらうためには、読者と立ち位置が近いキャラクターを設定すべきだろう。人は嫌いなタイプの人間や、自分とはかけ離れた存在には、なかなか感情移入することはできない。

たとえば松本清張が遺《のこ》した傑作のひとつである『告訴せず』は、持ち逃げした〝ヤバい金〟で小豆《あずき》相場に手を出すなど、破滅型のキャラクターを主人公に据えた作品だ。普通に考えれば悪党である主人公には感情移入しにくいはずなのだが、彼が随所であらわにする生々しい欲望は、人間なら大なり小なり必ず胸に秘めているものばかりで、ついつい共鳴してしまうのだ。少なくとも私は、ハラハラドキドキしながら、彼の運命を見守った。持ち逃げした金が不正な選挙資金であったという設定も、感情移入を促す仕掛けのひとつだったのかもしれないと、いまさらながらに感心させられる。

自作でいうと、『悪の教典』も、道徳観に欠けるキャラクターを主人公に据えている。

蓮実聖司《はすみせいじ》が稀代《きだい》の殺人鬼でありながら多くの読者の支持を得ることができたのはなぜか。これは、キャラクターと善悪は関係ないという、ひとつの実証になるのではないかと思っている。

不思議なもので、女性というのは無能な善人よりも、有能な悪人に惹かれる傾向があるようだ。少しでも強いオスを求める、生物としての本能に根ざすところがあるのかもしれない。

効果的な場面転換とは

小説を読んでいてしばしば気になるのが、場面転換の手法や演出だ。これは書き手の考えや癖が出る部分でもあるから、正解があるわけではない。しかし、小説はできるだけわかりやすく簡潔に書くべきである、という大原則からすれば、一定のセオリーは見つかりそうだ。

少なくとも、場面と場面のあいだのシーンを細かく描写する必要はなく、大切なところだけを描くことが大事である。無駄に紙幅を費やすと、読んでいる側に散漫な印象をあたえてしまうだろう。

そして、ひとつの場面を終えるときには、何らかの〝引き〟となる要素が必要だ。たとえば登場人物のセリフや会話で終えるなら、一抹の謎を残す手法がオーソドックスである。読み手に「なぜこの人はこんなことを言ったのだろう?」「なぜこの人は態度を急変させたのだろう?」と思わせることができれば成功で、テレビドラマのCM前のシーンは、たいていそんな造りになっている。

小説にも、チャンネルを変えさせない、つまり興味をつないでいく工夫が欠かせない。そのうえで、次の場面では端的に核心から始めるべきだろう。

たとえば、主人公が重要な人物に会いに行くシーンから始まるパートがあったとする。ここで、理由もなくいちいち廊下を歩いてドアをノックするところから描くのは、冗長でしかない。場面を転換したのであれば、いきなりその人物との会話から始めるなど、不自然でない範囲での省略を心がけるべきなのである。

私の作品では、同じ章のなかであっても、一行空けてすぐ異なる場面に移る手法を多用している。しかしこれは昔から、テレビドラマに毒されたカメラアイ的な手法であるとして、文芸では邪道とする意見がある。

たしかに、場面や視点の主を切り換える場合は、章を変えるのがセオリーなのかもしれない。しかし、次の場面へ至るまでの展開をそのつど描写しているとスピード感を損ない、読み手を退屈させることにもなりかねない。

小説は現実世界と違い、重要な部分だけを描けばいいというのが私の持論である。そうでなければ、長編小説はとめどなく長くなり、読む人は誰もいなくなるだろう。

また、章が変われば場面転換をしてもいいのに、章のなかでそれをしてはいけないというのは、理屈が通っていないようにも感じる。

一行空きは、場面転換のための最もシンプルな手法で、ぽんぽんと重要な場面だけを読者に提示していくことができる。また、読んでいる側は、その空白の一行からイメージを補ってくれるもの。映像メディアと違い、活字メディアは読者の想像に頼らなければ成り立たない。

もちろん、あまりやりすぎると、読者を混乱させてしまうこともあるだろう。とくに時間軸の設定には配慮が必要で、回想シーンでもないのに、転換後に時間がさかのぼっていたり、あるいは急に一〇〇年後の世界を描くようなことは、必然性がないかぎり避けたほうが無難だ。

そうした最低限のルールを守りさえすれば、読者の想像力を信用して描写を預けることも、あっていいはずだ。リズム重視のエンタテインメントであれば、なおさらである。

「作中作」の活用法

ひとつの物語のなかで別の物語が展開される、いわゆる「作中作」という手法がある。たとえば登場人物が読んでいる小説の内容、あるいは空想や回想などのシーンを描く際に用いられる。

私もたびたび使っているが、これは現実との境目を曖昧にするという意味で、効果的なテクニックと言えるだろう。フィクションのなかに囲いを設けて隔離することで、あたかもその外側は現実に近い世界であると錯覚させるわけだ。

作中作という手法は、ほかにもさまざまな効果を狙うことができる。

たとえばSF作品に多いのが、絶望的な状況のなかで、あえてお伽話《とぎばなし》のようなエピソードを挿入するやり方だ。それによって絶望感をいっそう際立たせることができる。

そうした効果が如実に表れている点で印象深いのが、山田太一さんの原作で脚本も手がけられた『終りに見た街』というドラマだ。これは現代の少年が戦時中にタイムスリップしてしまう物語である。

飽食の時代の子供にとって、戦時は非常に過酷で非現実的な環境だが、彼はたびたび「ドラえもん」の存在を空想する。彼に「どこでもドアがあれば」「タイムマシーンがあれば」と夢想させることで、戦時下の悲惨さを浮き彫りにする手法は、さすがのテクニックと言える。

また、リチャード・アダムズの『ウォーターシップ・ダウンのうさぎたち』は、私の学生時代にブームになった児童小説で、作中作の効果を私に教えてくれた作品のひとつだ。

一一匹のうさぎが旅に出る冒険もので、当時のマスコミの入社試験に、「この物語の作者を答えよ」という出題がされたほど話題を集めた作品である。

成功の要因としては、単にうさぎを擬人化しただけでなく、彼らの文化や世界観までしっかりと作り込んでいたという点が見逃せない。うさぎたちは創世神話を持ち、精神生活にも一定のリアリティを感じさせる。うさぎという弱い動物を主人公に据えたのも絶妙で、キツネや猛禽《もうきん》、あるいは宅地開発のブルドーザーなど、さまざまな脅威にさらされているうえ、うさぎ同士の抗争もあり、エンタテインメントとしてきわめて起伏に富んでいる。

そして、こうした世界観をより深く読者に知ってもらうために、作中作を活用しているのだ。

要所に挿入された作中作が、物語の緩急をコントロールし、ムードを変え、ストーリーを重層化し深みを加えるなど、実にさまざまな役割を担っている。まさか大学生にもなって、うさぎが主人公の童話にこれほど心を奪われることになるとは夢にも思わず、我ながら驚いたのを覚えている。ちなみに、このなかに登場するウーンドウォート将軍という巨《きょ》軀《く》で信じ難いほど強いうさぎは魅力にあふれており、私は『新世界より』を書くときに奇《き》狼丸《ろうまる》のヒントにさせてもらった。強さと悲しさの取り合わせは、私見では最強だと思う。

作中作は単純に必要なエピソードを補強する意味で使われることもある。ミステリであれば、手がかりを伏線として開陳するために作中作を用いることもある。さまざまな効果があることを知っておくと、話を立体的に組み立てることができる。

気をつけるべきは、自分が書きたいから、というだけの理由で書き、自己満足に陥ってしまってはいけない、ということだ。何のために作中作を用いるのか、目的をはっきりさせて使うことが大切である。

たとえば私は『雀蜂』のなかで状況を補強するために作中作を用いている。

次に引用する作中作部分は、主人公の小説家が、八方塞《ふさ》がりの窮地に際して、自身がかつて執筆した原稿を回想するシーンだ。彼は「私家版、名作の続編」という企画に乗じて、絵本作家の妻の作品のアナザーストーリーを次のように書き綴《つづ》った。


「ああっ！　こりゃ、しまったわい」

卯三郎は、風に吹かれて大きな水たまりに落ち、いつものセリフを吐く。

「だいじょうぶ？　平気なの？」

折悪しく、その場に居合わせたのは、美しいがあまり頭は良くないキアゲハの美羽だけだった。

「わしのことなら、気にせんでいい。もう充分に生きたからな」

卯三郎は、弱々しく、じじむさく答える。

「そんなこと言わないで！　だいじょうぶよ。絶対、助かるから！」

「いや、無理だな。水に張りついてしまって、身体が動かんのだ」

卯三郎は、褐色の水に長い肢を搦めとられてしまい、身動きすることもできなかった。

「わたしの手につかまって」

美羽は、卯三郎の上に舞い降りると、何とかして引き上げようとした。ところが、卯三郎の八本の長い肢を水面から上に持ち上げることはできない。美羽が一生懸命伸ばした手が卯三郎の肢に触れた瞬間、逆に、美羽の方が水たまりに引き込まれてしまった。

「きゃあっ。誰か、助けて！」

身体の小さい昆虫にとっては、水の粘性は蜂蜜《はちみつ》のようなものなのだ。鱗粉《りんぷん》のある羽以外は、身体がすっかり水にくっついてしまい、美羽は、必死になって叫んだ。

すると、その声に応《こた》えるように、水面をすいすい滑りながら近づいてくる多くの影があった。

アメンボの海斗たちである。

「あ！　アメンボたちが助けに来たよ！」

「ほんとだ！　みんな、頼んだよ！　二人を助けてあげてね」

見守る子供たちが、声援を送る。

海斗たちは、隊列を組んで滑らかに進むと、美羽と卯三郎の周囲を取り囲んだ。

「さあ、どうやって助けるのかな？」

「みんなで、岸まで押していくのかな?」

「背中に乗せるんじゃない?」

子供たちの無邪気な声に、しだいに、恐ろしい疑惑が混じり始める。

「あれれ?　どうしたのかな?」

「何だか、変だぞ。まるで、助けに来たんじゃないみたいだ」

子供たちは、しばし啞然《あぜん》とし、それから、この世の真実に触れた衝撃に大声を上げる。

「ああ!　だめだよ!　そんな……!」

「ひどい。いや!」

「やめて!」

アメンボだけでなく、タガメやタイコウチ、ゲンゴロウなど水生昆虫のほとんどは、水面に落ちた別の虫などの体液を吸う習性がある。

美羽と卯三郎は、飢えたアメンボたちにとって、天から降ってきた久々のご馳走《ちそう》だったのだ。


（『雀蜂《スズメバチ》』角川ホラー文庫）

このあと、残虐なシーンはまだ続く。この場合、主人公の職業柄を生かし、過去に執筆した原稿のかたちを借りて作中作を構成したわけだが、それによってストーリーを補足する効果を狙っただけでなく、内容そのものに暗示を持たせている。詳しくはぜひご一読いただきたいが、追い詰められる主人公の状況を、作中作に投影しているのだ。

なお、この『雀蜂』では、他にもいくつかの作中作を用いているので、その目的と効果について考察してみてほしい。

ただし作中作というのは、あまり多用すると、そのつど読者の思考をリセットするため、物語を減速させてしまうリスクもあるので注意が必要だ。

「会話」のなかで気をつけたいこと

カギカッコのなかの会話の記述というのは、書き手の癖や個性が表れやすい部分だ。とりわけエンタテインメントにおいて会話というのは重要で、会話がテンポよく運べれば、それだけで小説として一定水準をクリアしていると言っても過言ではない。逆に、会話やセリフ部分に致命的にリアリティが欠けていれば、それだけでその作品は魅力を失ってしまうものだ。

では、会話のリアリティとはどのように演出するべきか。

たとえば街中で近くから聞こえてくる会話をそのまま文字に起こせばリアルな会話になるかというと、そうではない。現実の会話というのは、文章化すると非常に冗長であるし、主語や述語が省かれていることがほとんどである。だから、活字で読ませる場合には〝補正〟が必要だ。

ただし、それでいて、あまり理路整然としすぎないように見せるのが、作家の腕の見せどころとも言える。このあたりは、好きな作家が描く会話シーンを、意識してチェックしてみるのがいいかもしれない。ちょっとした言い回しやリズムなど、思いがけない発見があるのではないだろうか。

いったん会話シーンを書き上げたら、それが音声化されたところを想像してみることが大切だ。それが本当にリアルであるかどうか。そこにもうワンステップ吟味する作業があるかどうかで、だいぶ印象は変わってくるはずだ。

また、セリフのなかの「!」や「?」の使い方について考えてみてほしい。

何かを強調したり、会話に勢いをつけたいときなどは、末尾に「！」と添えたくなる気持ちはよく理解できる。しかし、セリフに「！」が多すぎると、やはり読み手に違和感をあたえてしまう。

あらためて既存の作品に目を通してみるとわかるが、こうした「！」や「？」に頼らなくても、文脈で雰囲気は伝えられるものだ。展開上、叫んでいるように受け取れるセリフでも、意外と末尾に「！」は存在しないことは多いはずだ。

私の場合、ひと通り書き上げて推敲《すいこう》する際に必ずやるのが、「……」を削っていく作業だ。これは私の癖なのだろうが、物語の世界に没入して書き綴っているときは、その雰囲気に合わせてつい「……」を使う傾向がある。

「……」はセリフの最後に余韻を持たせたいときに有効な記号だが、多用すると悪目立ちして煩わしく感じさせもする。

また、強調したいセリフの最後に、「っ」を入れる人もよく見かける。これも多用すると悪い意味でマンガ的になり、陳腐な印象をあたえてしまうので要注意だ。「……」や「っ」は、省いても狙う雰囲気を伝えることは可能なはずである。

さらに、会話の描写で気をつけたいのが、三人以上の人数が入り乱れてしゃべるシーンだ。映画やドラマと違い、小説ではどうしても発言者を特定する術《すべ》がかぎられてしまう。そのため、ただセリフだけをつなげてしまうと、誰がどのセリフを言っているのかわかりづらくなる。しかし、セリフごとに毎回「と誰々は言った」と書くと、テンポが悪くなる。会話の臨場感を失わず、しかもそれぞれ誰の発言なのかがすぐわかるように書き分ける力量が要る。

男なのか女なのか、目上なのか目下なのかは、セリフの語尾や丁寧語の使い分けで比較的、区別をつけやすい。その他、よく使われるのは方言を用いるパターンだ。メンバーのなかに関西出身者をまじえるのは常套手段のひとつである。

キャラクター設定をする際には、それぞれの登場人物の語り口も具体的にイメージして、個性を際立たせておくことも大事だ。

リアリティを演出するために

いくらフィクションだからといって、完全に現実を無視して世界を描こうとした場合、読者を置き去りにした独りよがりな作品になってしまう。

　ＳＦやファンタジーで架空の世界を描く場合でも、読者に感情移入してもらうためには、ある程度のリアリティを担保しておく必要がある。そのためには、どこかに現実世界との接点を持たせておくべきだろう。

　たとえば、リアリティを担保したことで、とんでもない世界を構築できた好例に、グレッグ・ベアの『ブラッド・ミュージック』がある。ひとりの天才科学者によって開発された〝知性を持つ細胞〟が、やがて人類の存在を脅かすというバイオホラー的なＳＦ作品である。この、知性のある細胞というのはいかにも荒唐無稽《こうとうむけい》だが、細胞が演算を行なうに至る過程の描写、理論付けがしっかりとなされているため、非常に説得力を感じながら読み進められるのだ。

　期せずして拡散してしまったこの細胞が、人間の体に入り込んだことで、ひとりの人間のなかに複数の意思が生まれることになる。こうなると、人体はあたかもアパートのような集合住宅と化してしまう。人類存亡の危機に、それまでになかった角度から迫った歴史的な傑作と言える。論理を突き詰めることでリアリティが生まれるという、いいお手本になる作品だ。

私の作品から例を挙げれば、『新世界より』は一〇〇〇年後の日本を舞台にしていながらも、実在する地名を登場させたり、登場人物の氏名に現代と変わらない和名を用いたりしている。これも、そうしたリアリティの演出を狙っての手法だ。作中で描かれている風景は現在の地域とはかけ離れているものの、それをまったくの架空の土地として描くよりも、いくらか受け入れやすいだろうと考えてのことだ。

また、架空の生物を描く際も、そのディテールをしっかり描写するのにはコツが必要だ。そもそも存在しない物を想像して描くわけだから、何をもってリアリティを表現すればいいのかと、悩む人も少なくないだろう。

ひとつの解決策としては、ここでもやはり、現実世界との接点をどこかに押さえておくことをすすめたい。たとえば『新世界より』に登場するバケネズミは、ハダカデバネズミという実在の生物をモデルにして描写した。インターネットで画像検索をして写真を見てもらえば、その風貌《ふうぼう》が想像できる。架空のモンスターを描くからといって、頭のなかでゼロから創作する必要はない。誰も見たことのない生物というのは、どんなに言葉を尽くして説明しても、人によって異なる姿を思い描いてしまう。その姿を多くの読み手に共有イメージとして持ってもらうには、作者の頭のなかに具体的な姿があるほうがいいのだ。

『新世界より』はＳＦだから、バケネズミのように言葉を話す動物を登場させているが、フィクションだから何でも好き勝手に生み出していいかというと、そうではない。繰り返し述べてきたように、現実とどこかで地続きであることが読者に理解してもらう秘訣《ひけつ》だ。

現実に存在しないものを登場させる場合、原則的には一作品にひとつにしておいたほうが無難である。ＳＦやファンタジーについては必ずしもそのかぎりではないが、あまり多用すると、リアルからかけ離れすぎて荒唐無稽になってしまうからだ。

『天使の囀《さえず》り』は、バイオホラーとサイコロジカルホラーの融合を目指して執筆した作品だが、ある架空の生物をひとつだけ登場させている。

現実的な世界のなかにひとつだけ非現実的な要素を溶け込ませる。フィクションといっても、すべてつくりごとの世界よりも、むしろ、あり得そうだが実際には存在しないような世界観のほうがワクワクすると私は思う。

テクノロジーや文化をどこまで追いかけるか

人々の暮らしや文化というのは、時代に合わせて少しずつ変化していく。ここ二〇年ほどのスパンでいえば、パソコン、インターネット、スマートフォンの登場によって生活スタイルが激変してきたことは周知の事実だ。

『天使の囀り』は一九九八年の作品だから、冒頭にあるメールのやりとりのシーンは、当時としてはまだ新鮮だったと思う。また、作中では他に、美少女ゲームも取り上げているが、これも当時の流行に則《のっと》ったものだった。

私の場合、こうしたモチーフを使って意図的に現代性を取り入れているのだが、その時々の最新カルチャーにふれることで、作品の賞味期限が短くなるのではないかと不安に思う人もいるだろう。プロになり、作品が文庫になって長く残るのであればなおさらである。

しかし、だからといってその時代の背景を描写しないのは、やはり不自然だろう。流行《はや》り廃りの激しい流行語をいちいち取り入れようとは思わないが、その時代の雰囲気を伝える要素はできるだけ投影させたいと思っている。なぜなら、現代を舞台に描かれた作品は、〝いま〟という時代を切り取った時代小説であると私は考えているからだ。

だから、その時代にまだ存在していない物が登場してはいけないし、すでに廃れた物が頻繁に登場してもいけない。歴史のなかのある一点をしっかりと突き刺した作品であれば、それは長く生き残ることができるはずだ。

事実、昭和の時代に書かれた松本清張作品の数々が、いまの時代に通用していないかというと、決してそうではない。いまだに映像化がつづいていることからも、それは証明されている。スマホの台頭でもはやほとんど使われなくなりつつある時刻表を使ったトリックにしても、昭和という時代の日本の鉄道文化を巧妙に使ったひとつの時代小説として、いまでも十分に楽しめる。

賞味期限を恐れて臨場感を損なうくらいなら、むしろ積極的に時代性にコミットする視点があってもいいのではないだろうか。

象徴的モチーフの効果

『悪の教典』では、カバーに大きくカラスの姿があしらわれている。たいていの人はカラスにあまりいいイメージを持ってはいないだろう。ゴミを荒らし、死肉をついばむカラスは、そこに佇《たたず》んでいるだけで不穏で不吉なムードを演出してくれる存在だ。

こういった、特定のイメージをまとうモチーフは、それとなく作中に配置するだけで、長々と文章で表現する以上の演出効果を生むことがある。

作中では二羽のカラスが冒頭から登場しているが、何か特別な役割を果すわけではない。あくまで演出の一環としてそこにただ〝いる〟だけだ。

なぜカラスを使うという発想に至ったのかといえば、私自身が実際にそのころ、毎朝カラスの鳴き声で起こされる日々がつづいていたからだった。夜遅くまでパソコンに向かっていた翌日などは、早朝からけたたましい鳴き声で睡眠を邪魔されることになり、そのつど窓を開けて追い払っていた。

そうした朝がつづくうちに、「こういう装置を作ればカラスを撃退できるかも……」などと妄想するようになった。作中で蓮実がカラスの処刑に用いた方法は、まさしく私が頭のなかでイメージしていたものである。

じつは、カラスを登場させることは、プロットの段階では予定していなかった。書いているうちに、自然にカラスのほうが物語に寄り添ってきたのである。

カラスという忌み嫌われる存在は、『悪の教典』のストーリーといかにも親和性が高そうで、うまく使えば、世界観を象徴するアイコンになり得るのではないか。そう発想したわけだ。仕上げてみれば、一定の効果は得られたと思う。

トリックに頼りすぎてはいけない

『青の炎』は、いつか挑戦したいと思っていた「倒叙ミステリ」に取り組んだミステリだ。ヒントとなったのは、小学生のころに学校の図書館でたまたま手にした、F・W・クロフツの名作『クロイドン発12時30分』だ。

この作品は間違いなくミステリ史に残る傑作だが、作中で描かれている犯行はわりと単純で、犯人である主人公は次々にボロを出していく。だからこそ、次第に追い詰められていく様子に夢中になったわけなのだが、読後にまず感じたのは「ミステリは探偵よりも犯人を主人公にしたほうが面白いのではないか」ということだった。

なにしろ、犯人は〝必死さ〟が違う。探偵が事件を捜査するのは、それが仕事であるからだし、ともすれば趣味で探偵業を営んでいるようなキャラクターだって珍しくない。しかし、犯人は捕まってしまえば人生が終わってしまうから、ありとあらゆる手を講じる。緊迫感が漂うのだ。

その意味では、探偵や警察の視点で描いたミステリというのは、一番面白い部分をごっそり捨ててしまっていると言えるかもしれない。犯人はなぜ犯行に至る決意をしたのか？　そこに至るまでにどのような感情があったのか？　犯行はどのような手順で行なわれたのか？　そういった部分を余すことなく描けるのが倒叙ミステリなのだ。

『クロイドン発12時30分』とはまた違ったかたちで倒叙ものを書けないかと、想像を膨らませていったのが『青の炎』である。私にとって初めてのミステリでもあり、非常に新鮮な作業であった。

まず、犯行方法（つまりトリック）をひねり出し、必要な手順や状況を具体的に考える。次に、そんな方法で人を殺そうと企《たくら》むのは、いったいどのような立場の人間だろうかと、細部に想像を巡らせてキャラクターを設計していく。

このときに懸念したのは、トリックありきの小説になってはいけない、ということだった。どれだけ自信のあるトリックを思いついたとしても、単にそれを見せたいだけの内容では、小説として薄っぺらな印象をあたえてしまう。そうならないために、トリックを行使する人間の性格や背景を、とことん考え抜く作業が必要だった。

ミステリであっても人間を描くことは非常に大切で、これを疎《おろそ》かにすると、「犯人が、とても人を殺すようなタイプには見えない」とか、「なぜ犯行に及んだのか、動機がいまいち腑《ふ》に落ちない」といった違和感を残すことになる。たとえば、どう見ても普通のサラリーマンとしてしか描かれていない人物が、非常に高度な物理学的知識を必要とする犯行に及ぶのは、やはり現実的ではないだろう。

『青の炎』では高校生の秀一が、理科的な知識を駆使した「ブリッツ」と称する犯行計画を実行する。彼はもともと優等生の設定ではあるが、それだけでは十分ではないと考え、この計画を作り上げるために図書館などで猛勉強するシーンを添えてフォローしたりもした。

ミステリであっても、トリックを見せるだけの小説になってはいけない。トリックはあくまで出発点にすぎず、そこから必然的に決まる要素を配置し、ドラマを展開することを第一に考えるべきだろう。

映画やマンガから手法を盗め

小説にはSFやホラーなど、さまざまなジャンルが存在する。また、たとえばミステリとひとくちに言っても、そこにはオーソドックスな犯人探しや密室トリックなど、じつに多くのバリエーションが存在している。

日頃からできるだけ多くの作品を読み、小説の基本的な類型を覚えておくことは、自分のなかの引き出しを増やすうえで非常に有効だ。時折、「作家になりたい」とは言うものの、よく聞いてみるとさほど読書の習慣もなく、近年の話題作に手を伸ばすこともほとんどない、という人がいる。小説は誰にでも書けるものだが、これでは優れた作品は生まれないだろう。

とくに本格ミステリを書こうとするなら、既出のトリックやパターンを押さえておく意味でも、できるだけ多くの作品に目を通すべきだ。それこそ、何百という作品を読みあさり、このジャンルに傾倒した人たちがしのぎを削る世界なのである。

だが、本書の冒頭でも述べたように、小説家を目指しているからといって、小説だけを読んでいればいいかというと、そうではない。映画やマンガの手法に馴染《なじ》みがない人が書いた作品からは、物語が文字面だけで展開されているような、無機質なムードを感じることがある。エンタテインメントは日々進化しており、小説だけが旧態依然でいい理由はない。各シーンをビジュアル的に想像する能力が不足しているとすれば、小説を書くうえではマイナスだろう。

他のメディアのエンタテインメントの手法を、ひと通り押さえておくことは大切で、とくに一本の映画にはさまざまな表現手法が詰め込まれていると痛感させられる。第一線で活躍している作家に映画好きが多いのは、昔からそうした手法に自然と触発されてきたことが大きいのではないだろうか。

小説はひとりで書くものだが、映画は多くの人の手が加わった作品だ。もちろん中心となるのは監督だが、たくさんのプロたちが集結し、多彩な知見によって練り上げられている。そこから学ぶものは多い。ヒントとなる発見も得られるだろう。小説書きが孤独で完結した世界であるのに対して、映画には視野・視点を広げてくれるところがある。さらに、執筆の合間のリフレッシュにもなる。一人ぼっちの物書きにとっては、いいことずくめと言ってもいい。むしろ、小説が好きであれば自然に関心が湧いてくるジャンルなのではないだろうか。

マンガの訴求力というのも、並々ならぬものがある。マンガは小説と違い、そのコマのアングルを自由に決められる一方で、視界に収まることはすべて描き込まねばならない。

たとえば学園もので教室内のシーンを描く場合、そこがどれほどの大きさの部屋で、何人くらいの生徒がいま何をしているのかは、すべてを描き込まないまでも、考えて設定する必要があるわけだ。

これは、小説を書くうえでも重要なポイントだ。小説は必要最低限のことだけ描写すればいいと思われがちだが、実際には〝書いていない部分〟をどれだけ具体的にイメージできているかが、表現の質を大きく左右する。

風景ひとつをとっても、活字化する部分だけしかイメージできていないのであれば、読んでいても張りぼてのセットのなかで物語が進行しているような、薄っぺらな印象を与えるだろう。別物のメディアではあるが、マンガのコマ割り、アングル、背景描写などから学ぶことは存外に多い。

また、舞台からインスパイアされるものも少なくない。ミュージカル作品を観ていると、歌の持つ力、その効果に圧倒されることがしばしばある。

ロイド＝ウェーバーがインド人作曲家に惚《ほ》れ込んでプロデュースしたミュージカル「ボンベイドリームス」を観に行ったときのことだ。仕事中のBGMとしても愛聴していた

「Wedding Qawwali」という曲が、いつどんなシーンで聴けるのかと、楽しみにしていた。結婚式をテーマとした曲だけに、きっとラストの大団円の場で使われるのだろうと想像していたのだが、実際には、悪人の凱歌《がいか》として使われており、大いに驚かされた。舞台を直に観る前は気づかなかったダークな魅力を発見し、さらなる感動を覚えたものだ。

表現の手段は異なるが、小説でこうした効果をあたえるためには、どうすればいいか。すべてが活字で賄えるわけではないだろうが、何か術は考えられるはずである。つまりは試行錯誤に励むきっかけになり、それは自身の成長を促すことにもなるのだ。

ただし、何でもかんでも取り入れればいいというものではない。いわゆるオマージュと呼ばれるタイプの作品については、取り扱いに注意が必要だ。元の作品を知らない読者にとっては、それが面白いものになりにくいだろうし、デビュー前であればゼロから自身の創作で勝負をするべきだ。どうしても取り入れたい作品があるのなら、デビューを決め、人気作家になってからの楽しみにとっておくのが無難だろう。

ちなみに、『悪の教典』では演出の小道具として「モリタート」という曲が登場する。これは直接的にミュージカルに影響されたものではないが、音楽がもたらす表現を活用したひとつの例ではある。

「モリタート」は曲名を出すだけで、多くの人がメロディを思い浮かべられるメジャーな作品であり、それでいて物語のテイストにマッチした曲だ。この曲名に付随するムードは、作品の演出面できっと効果的だろうと考え、作中に起用した。

実際に音楽を流すことはできなくても、自分の中で雰囲気を醸成できるということだけでも、音楽を取り入れるのは有効だろう。

自分をのせるスイッチを持て

小説を書くのは、孤独な作業だ。執筆中は常にひとりで、誰に見張られているわけでもないから、サボろうと思えばいくらでもサボれてしまう。それでも自分自身の尻を叩《たた》いてパソコンに向かうものの、まったくアイデアが浮かばず、いたずらに時間だけがすぎることも珍しくない。

プロ、アマチュアにかかわらず、文筆業にこうした苦労は付きものだろう。パーティーなどで他の作家の方とお会いした際には、「集中力の高め方」「やる気スイッチの入れ方」について意見交換をすることが多々あるが、特効薬のようなものはない。何とか努力と気合いでモチベーションを上げるしか手はないのだ。

私も自分なりに試行錯誤を重ねてきた結果、自分をのせるための雰囲気づくりに一定のルーティンが見つかった。執筆に取りかかるときは、必ずこれをするという習慣を設けるのだ。BGMとして、いつも決まった音楽をかけたり、執筆の前に必ずコーヒーをいれたり、脳を強制的にその気にさせるスイッチを自ら作ってしまうのだ。

とくにBGMは、自分のなかでイメージをかき立てる一助になる。私の場合は、日本語が聞こえてくると集中力が散漫になるので、仕事中のBGMはもっぱら洋楽ばかりである。『悪の教典』のようなスピード感重視のエンタテインメントを執筆しているときは、ハードロックを大きめの音量で流す。『鍵《かぎ》のかかった部屋』のときは、トリックの設定をじっくり考える必要があったので、ジャズやクラシックなどを選んでいた。

もちろん、人によってはBGMなどないほうが捗《はかど》ることもあるだろう。

ちなみに、プロになると常にひとつの作品だけに集中できるわけではない。A誌の連載とB誌の連載、さらに新聞連載と書き下ろしを並行して着手する、などという事態もある。そんな場合は、作品ごとにBGMを変えることで、頭のなかをすばやくその作品の世界に切り換えるのに有効だ。

ある高名な作家は、作品ごとに執筆する環境（部屋）を替えていると聞いたことがある。ぜひ、自分にとって最も能率が上がる、ベストな環境づくりを研究してみてほしい。

読み手の心理に訴えかけろ

優れたエンタテインメント小説は、「面白い」こと、加えて「わかりやすい」ことが肝である。この本ではずっと、表現に凝りすぎないことや、読者を混乱させないコツなどを解説してきた。こうした配慮というのは結局のところ、どれだけ読者の身になって考えられるか、ということである。

私自身、一読者であったころに感じていた不満を反面教師にすることが多々ある。そして、それらの不満をできるかぎり解消しようと、さまざまな手を講じてきた。ここでは『ダークゾーン』を例に挙げ、いくつかの手法を解説しよう。

『ダークゾーン』の着想が「人間で将棋をやりたい」というアイデアから始まっていることは前述したが、SF小説として人間をモンスター化させているため、戦闘シーンはアンリアルな描写に偏らざるを得ない。

そこでこの作品では、戦闘シーンと現実世界を交互に進行させる構成を採ることにした。あくまでメインは異世界での戦闘だが、そればかりつづくと読者を疲れさせてしまうし、何より単調になってしまう恐れがあるからだ。そこで、なぜそのような状況に陥ったのかを説明するパートを合間に挟んでいくことで、箸休《はしやす》めしてもらおうと考えたわけだ。

さらに『ダークゾーン』では、「戦え。戦い続けろ」というフレーズを定型句のように頻出させている。これには異世界と現実世界をつなぐ意味がある。

このフレーズは、現実世界で棋士である主人公が、対局時にずっと自分に言い聞かせていた言葉であり、異世界では戦闘中に金科玉条のごとく登場する言葉だ。同じフレーズをふたつの舞台で共有させることにより、それぞれまったく違う世界で展開しているように見える物語が、じつはつながっていることを示唆したのである。

いずれも、ともすれば気にもとめずに読み流してしまう部分かもしれない。しかし、ささやかであっても読み手の潜在意識に訴えかけることは、重要だ。『ダークゾーン』のように、読者を選ぶタイプの作品であればなおさらだろう。

こうした仕掛けの積み重ねで、少しでも読みやすく、物語の世界に没入してもらえるように、作家は努力しなくてはならない。

自分を枠に押し込めるな

誰もがあっと驚くトリックの仕掛け。独特だけど病みつきになりそうな不思議な文体。万人受けする筆致の安定感。作家には、それぞれの〝持ち味〟がある。

持ち味とは意識して表現できるものではない。ひとつひとつの物語を仕上げる過程のなかで、自然と湧いて出てくるものだ。

しかし、これだけ多くの作家がしのぎを削っている状況のなかでは、何らかの持ち味や明確な強みを持っている作家に利があることは間違いないだろう。平たく言えば、特徴があったほうが一見《いちげん》の読者にも覚えてもらいやすいのだ。

だからといって、自分の強みや持ち味を意識しすぎ、そこに固執してしまうと、世界を狭めてしまってワンパターンに陥る可能性もある。私は、アマチュアのうちは、〝自分はこういう作家だ〟と枠にはめてしまわないほうがいいと思う。自分の持ち味や強みというのは、自ら主張するものではなく、読者を含めた周囲の人たちが発見してくれるものなのである。プロになって経験を積んでいくうちに、自然に安住できる場所が見つかるようになっていくものだ。

平井和正《ひらいかずまさ》さんなどは、語り口そのものに独特の味がある稀有《けう》な作家である。私は熱心な読者のひとりだったが、ハードボイルドのお手本のような名調子に引っ張られ、何か特別な事件が起きなくても楽しませてもらった。これが「芸」というものである。

平井和正さんは人外のキャラクターを用いた作品を数多く書かれているが、そこににじみ出るなんとも言えないおかしみは、志ん生の落語のように、最初から計算してできたものではないはずだ。つまり、平井和正さん自身は自分の手法で描きたい世界を追求してきただけなのだろう。

これは作家として、非常にナチュラルで理想的なかたちだ。

少なくともまだアマチュアであるのなら、自分のカラーを決めつけて自分を枠に押し込めてしまうことは、可能性を制限することにしかならないとアドバイスしたい。

時間の許すかぎりさまざまな手法、文体、ジャンル、アイデアを試してみてほしい。挑戦してみないことには、何が大きく花開くのかわからないのだから。得意分野とか自分のスタイルが、まだ固まっていないことは、悪いことではない。むしろそれは、いろいろな可能性を秘めているということなのだ。

新人賞を攻略するために

作家になるためには、やはり新人賞に応募するのが一番の近道だろう。ひとつの冠を何百もの作品で争うレースは熾烈《しれつ》であるし、晴れて受賞を果たしたとしても、必ずしも作家としてやっていけるわけではない。それでも、公募というわかりやすいかたちで門戸が開かれているのは、作家志望者にとってありがたい状況と言える。

再三述べてきたように、私もまた、新人賞出身の作家である。夢をかなえるために生命保険会社を退職し、数年間の応募生活を送っていた。それは悩みの尽きない、暗中模索の日々でもあった。

最近は多くの新人賞が設けられているから、作家志望者がまず頭を悩ませるのは、「どの賞を狙うべきか」という問題かもしれない。ミステリならミステリのジャンルに絞って考えてみても、そこには複数の選択肢が存在する。

ターゲットとする新人賞を選ぶ基準は、何でも構わないと私は思う。主催の出版社で決めてもいいし、単純に賞金の額で決めてもいい。選考委員のなかに憧《あこが》れの先生がいるというのも、強いモチベーションになる。

私の場合は、当時ホラーのジャンルにこだわっていたため、日本ホラー小説大賞に第一回から応募しつづけていた。こうして特定の賞に狙いを定めて、何度もチャレンジを重ねるのも、いい方法なのではないかと思う。ターゲットが明確になり、傾向と対策を研究しやすいからだ。

新人賞対策としてやっておくといいのは、過去の受賞作を片っ端から読むことだ。大学入試でも資格試験でも〝過去問〟の分析は戦略的に大事だ。どのような作品が受賞してきたのかを知るのは、傾向だけでなく、その賞が許容する〝振り幅〟を知る意味でも役に立つ。

また、受賞作発表の際に公開される選評にも目を通しておくべきだ。選者が何を重視し、応募作品のどういった部分に辛い点をつけるかを理解しておくのは大切なことである。

しかし、対策を意識しすぎるあまり、小説を書くことが小手先の作業に陥ってしまってもいけない。最優先すべきは自分が〝本当に書きたいもの〟を書くこと。書いていて楽しい題材を見つけること。まず自分自身が楽しんでいなければ、読み手を楽しませるような面白い小説が生まれることはないのだ。

最後になったが、本書の読者の中には何度も新人賞に挑戦している方も多いと思う。克服すべき課題は、選考のどの段階まで進んでいるかで異なる。一次選考を通過できないのであれば、基本的な〝てにをは〟など、文章力を根本的に学び直すことをはじめ、かなり改善の余地が残されていると言えるだろう。逆にいえば、日本語が正しく使えていて、小説として最低限の体裁を保っていれば、一次選考を通過する可能性は格段に高まるのだ。

同じく、二次選考止まりということであれば、小説としてのかたちはなしていると考えられる。あとはより面白いアイデアとストーリーをつくることに邁進《まいしん》すればいい。

ところが、最終候補にまで残っているのに受賞に至らない場合、すでに一定のクオリティに達しているはずだから、原因がどこにあるのかは原稿を読んでみなければわからない。おそらく、原因はピンポイントなものであり、ケースバイケースと思われるからだ。

ただ、新人賞の選考委員を務めている経験からいえることは、何よりも大切な〝売り〟となる部分が欠けているケースが多いということだ。最終選考ともなれば、しっかりとした文章でそれなりに読ませる作品ばかりが残る。しかし、そのどれもが読み手に強いインパクトをあたえているかというと決してそうではない。もし、まったく同じ評価の作品がふたつ残ったら、よりインパクトのあるほうに授賞しようというのが当然の流れだ。つまり、売りがなければ他の候補作に競り勝つことはできないのだ。

しかし、最終候補まで残るようなレベルの作品でも、作者の独善に陥ってしまっている作品は少なくない。とりわけ独りよがりの印象をあたえやすいのは、男性が描く女性キャラクターの言動や思考の描写である。あるいは殺人事件の動機が妙に利他的で、きれいごとに終始し、読んでいて腑《ふ》に落ちないまま物語が展開していく作品も多い。

こうした独善を解決するためには、あらかじめ第三者の目を通すことが一番の解決策だ。応募前に一度、信用できる他人に原稿を読んでもらい、忌憚《きたん》のない意見をもらうことをすすめたい。

最終候補にまで残るということは、筆力的にはプロに比肩するレベルであり、受賞作との差も僅かなものであるということだ。あきらめず、最後のひと手間を惜しまずに作品をブラッシュアップする努力をして欲しい。

本書は、二〇一五年八月に小社より単行本として刊行されました。
新書化にあたり、修正を加えています。

編集協力／友清 哲

貴志祐介（きし・ゆうすけ）
1959年大阪府生まれ。京都大学卒。96年『十三番目の人格《ペルソナ》 ISOLA』でデビュー。翌年『黒い家』で日本ホラー小説大賞を受賞、ベストセラーとなる。2005年『硝子《ガラス》のハンマー』で日本推理作家協会賞、08年『新世界より』で日本SF大賞、10年『悪の教典』で山田風太郎賞、11年『ダークゾーン』で将棋ペンクラブ大賞特別賞受賞。他著作に『青の炎』『雀蜂《スズメバチ》』『ミステリークロック』など。最上質のエンタテインメントを発信し続けている。

エンタテインメントの作《つく》り方《かた》

売《う》れる小説《しょうせつ》はこう書《か》く

貴《き》志《し》祐介《ゆうすけ》

2017 年 10 月 10 日　初版発行
2022 年 7 月 10 日　3 版発行

◆◇◇

発行者　青柳昌行
発　行　株式会社KADOKAWA
〒102-8177　東京都千代田区富士見 2-13-3
電話　0570-002-301（ナビダイヤル）
装 丁 者　緒方修一（ラーフイン・ワークショップ）
ロゴデザイン　good design company
オビデザイン　Zapp!　白金正之
印 刷 所　株式会社KADOKAWA
製 本 所　株式会社KADOKAWA

角川新書
 ISBN978-4-04-082181-8 C0295